cancer made me a shallower person

암이란다. 이런 젠장···

암이란다. 이런 젠장…

초판 1쇄 2012년 2월 2일
지은이 미리엄 엥겔버그 **번역** 이종인
펴낸이 이용배 **펴낸곳** (주)고려원북스 **편집주간** 설응도
기획 성장현 **기획편집** 안은주 **책임편집** 김부영 **마케팅** 이종진 **디자인** 지호
등록 2004년 5월 6일(제16-3336호) **주소** 서울시 광진구 중곡동 639-9 동명빌딩 7층
전화 02-466-1207 **팩스** 02-466-1301

ISBN 978-89-94543-37-6 (03180)

값은 표지 뒷면에 있습니다.
잘못 만들어진 책은 구입처나 본사에서 교환해 드립니다.

CANCER MADE ME A SHALLOWER PERSON
by Miriam Engelberg

암 이 란 다 .
이 런
젠 장 · · ·

cancer made me a shallower person

미리엄 엥겔버그 지음

이종인 옮김

(주)고려원북스

짐과 아론에게

introduction

-

-

-

-

어린 시절부터 나는 작가가 되기를 바랐다.

몇 편의 단편소설을 쓰기는 했지만 장편 소설을 시도하면서 벽에 부딪쳤다. 엄청나게 많은 말과 또 엄청나게 많은 챕터가 필요했다. 나는 소설의 플롯을 짰고, 이어 각 플롯의 주제를 중심으로 지문과 대화를 만들어내야 했다. 이 무렵 스폴딩 그레이의 『캄보디아까지 헤엄쳐 가기』를 필두로 하여 자전적 독백의 문학 장르가 인기를 끌기 시작했다. 나는 장편소설을 그만 두고 『중단』 이라는 독백을 썼다. 우리 가족이 병에 걸리지 않으려고 얼마나 노력했는지를 다룬 내용이었다(나의 부모님은 감기나 독감에 전염되지 않으려고 아픈 가족이 사용한 식기들을 물에 끓였다). 하지만 어른이 되어서는 감기에 걸려 일상으로부터 고립되는 그 중단의 한때를 즐기게 되었다. 나는 여러 해 동안 샌프란시스코의 소극단을 위하여 독백을 집필했고 또 무대에 올리기도 했다. 마침내 내 친구 게일 슈미트와 한 팀이 되어 우리의 교사 경험을 다룬 연극 〈네 속셈을 솔직히 털어 놔 : 그게 학교 방침이야〉을 집필하고 공연했다(그녀는 초등학교 교사였고 나는 고등학교 교사였다).

-

-

-

-

남편과 내가 아이를 낳기로 했을 때 나는 그 아이 덕분에 원숙한 사람이 되기를 기대했다. 나는 연극을 좋아하기는 했지만 그건 고된 작업이었다. 공연 부분이 힘들다는 것이 아니라 제작과 판촉을 직접 해야 하는 부분이 힘들었다. 나는 아이를 유모차에 태워 공원을 산책하는 내 모습을 상상했다. 마침내 장미의 냄새를 맡으며 사는 느긋한 생활을 하게 되었다고 좋아했다. 대부분의 부모들은 아이를 키우는 것이 정말 재미있다고 우리에게 말했다. 하지만 남편과 나는 육아의 따분함과 피곤함에 대하여 전혀 대비가 없었다. 물론 우리 부부는 아론을 사랑한다. 하지만 기존 부모들 사이에 어떤 음모가 존재하는 듯하다. 우리처럼 어리숙한 부부들을 육아의 대열에 동참시켜 뒤통수를 치기 위해서 말이다. 아니면 어떤 사람들은 정신없고 혼란스러운 육아 생활을 더 적성에 맞는다고 생각하는 건지도 모르겠다. 아무튼 집에 있으면서 육아를 맡는 날이 되면(남편과 나는 파트 타임 근무자이기 때문에 아이를 번갈아 가며 보았다), 나는 앞으로 내가 몰두할 수 있는 창조적 프로젝트를 찾아보았다.

-
-
-
-

어느 날 나는 NPR(전국 공영 라디오)에서 피터 쿠퍼가 그의 초기 자전적 만화에 대하여 인터뷰하는 방송을 들었다. 그 인터뷰가 너무 흥미로워서 동네 만화 가게인 〈코믹스 익스피어리언스〉로 달려가 피터 쿠퍼의 만화들을 사 왔다. 나는 아주 흥미진진하게 그의 책을 읽었다. 회고록이라면 옛날부터 읽기 좋아했는데, 쿠퍼가 생애의 결정적 순간들을 만화로 옮겨놓는 솜씨는 유쾌하면서도 감동적이었다. 그는 자신의 약점을 비웃는 걸 두려워하지 않았고, 그런 자기 비하적인 어조는 내 마음에 깊은 공명을 일으켰다. 나는 어릴 때부터 만화를 좋아했는데, 어린 시절 〈매드 매거진〉을 미친 듯이 읽었다. 쿠퍼에게서 만화도 문학의 한 장르가 될 수 있음을 발견했다.

—

쿠퍼로부터 시작하여 나는 하비 페카, 앨라인 코민스키-크럼, 메어리 플리너, 린다 배리 등 많은 자전적 만화들을 발견했다. 나는 여기서 영감을 얻어 나의 부모 노릇에 대한 만화를 만들어보리라 결심했다. 하비 페카를 나의 모델로 삼아(그는 만화를 제작하기 위해 여러 명의 화가를 고용한다), 나의 첫 번째 만화 스토리를 구성했고 만화를 그려주겠다고 적극적으로 나선 내 친구에게 콘티를 넘겨주었다. 나 자신을 화가라고 생각해 본 적이 없으므로 내가 직접 그림을 그려보겠다는 생각은 하지 않았다. 우리의 협력 관계는 실패로 끝났다. 그녀는 내 콘티를 바꾸었고 뛰어난 그림 재능에도 불구하고 그녀가 그려낸 인물들은 내 이상에 맞지 않았다. 그래서 내가 직접 그려보기로 했다. 아론이 잠들자마자 나는 공책을 꺼내서 만화를 그렸다. 나는 만화와 구성을 함께하는 것이 더 효율적이라는 걸 발견했다. 어릴 때 그림 그리기를 좋아했던 게 기억났고 지난 여러 해 동안 그림을 그리지 않았다는 사실이 의아해졌다.

—

한편 나는 콤패스포인트라는 비영리 기관에서 컴퓨터 트레이너의 파트 타임 일을 계속 했다. 그 기관의 책임자인 잰 마사오카는 만화를 좋아했다. 그녀는 내게 비영리 사업에 관한 만화를 몇 커트 그려볼 것을 요청했다. 그 만화를 우리의 웹사이트에 올리겠다는 것이었다. 이것이 한 달에 한번씩 나가는 만화『행성 501c 3』의 시작이었는데 전 세계 비영리 기관들의 직원들이 이 만화를 좋게 보아 주었다(비영리 기관을 위한 유머이니 경쟁자가 없을 것은 당연했다). 콤패스포인트는 나에게 〈수석 만화가〉라는 칭호를 추가로 부여했다. 재미있는 만화를 그리며 돈까지 받는 직장에 다니니 나는 아주 운 좋은 사람이었다.『행성 501c 3』의 만화는 다음 두 권의 책들에 실려 있다. 첫 번째 책은『비영리 기관의 전략적 계획』제 2판이고 두 번째 책은 비영리 IT 직원들을 위한 책인『우연한 테키 The Accidental Techie』이다.

—

2001년 가을 나는 유방암 진단을 받았다. 당시 마흔 세 살이었고 아론은 네 살이었다. 최초의 충격을 견뎌낸 후 나는 암에 관한 만화를 그리기 시작했다(나는 종양이 악성인지

여부가 아직 확실치 않은 조직검사 대기 상태에서 최초의 만화를 그렸다). 사람들은 역경이 그 사람의 본성을 드러낸다고 말한다. 나는 애시당초 텔레비전 드라마나 영화에 나오는 영웅 타입의 인물은 못 된다는 것을 알았다. 나의 즉각적인 반응은 텔레비전을 많이 보면서 시간을 보내자는 것이었다. 나는 나의 내면으로 깊이 침잠하지 않았다. 그 대신 대중문화로부터 위안을 얻고자 했다.

-

여러 해 전, 나는 감기에 걸려 일상생활에서 잠깐 고립되는 "중단"을 무대에서 공연했다. 하지만 그 당시에는 암에 걸려 내 인생이 어느 정도 중단될 수도 있음을 예상하지 못했다. 질병이 무대를 장악하여 주된 사건이 되었을 때 인생의 의미는 무엇인가? 어떤 사람이 역경을 통과하고 있으면 친구들은 이렇게 말한다. "넌 이걸 견뎌낼 수 있어." 이렇게 말하는 것은 그 질병이 일시적 상태라는 의미이다. 그러니까 흔해 빠진 텔레비전 드라마의 시나리오처럼, 여주인공이 역경을 견디고 결국에 가서는 더 강인한 사람이 된다는 뜻이다. 암과 나의 관계가 처음 시작되었을 때만 해도 나는 그것을 일시적인 어떤 것이라고 생각했다. 그것이 내 인생의 상수(常數)가 되리라고는 생각하지 않았다. 나는 늘 인생의 의미가 무엇이냐고 묻는 습관이 있었다. 어렸을 때에는 지적 성취가 내 존재의 이유라고 생각했다(누가 우리 아버지 교수 아니라고 할까봐). 나중에 학문의 길이 내 길이 아님을 알고서는 인생을 좀 더 즐기자는 쪽으로 나아갔다. 내가 좋아하는 비학술적 직장에 취직하고, 친구와 가족들과 자주 어울리고, 음악을 연주하고 듣고......그러나 암 진단을 받고 항암 치료를 하게 되면서 좋은 시간을 보내자라는 관점에서 인생을 바라보기가 어렵게 되었다.

-

글자 그대로 하루 종일 침대에 누워, 완전 절망에 빠진 채, TV에 나오는 싸구려 공상 과학 영화를 보면서 보내야 했던 나날이 많게 되었다. 하지만 그런 시간에도 만화를 그리는 것은 암을 견디는 과정에서 내 생명선이 되었다(그 외에 남편과 아들을 위해 가능한 한 오래 살아 있고 싶다는 마음도 생명의 밧줄이었다). 병에 걸려 치료를 받게 되면 우리를 줄기차게 쫓아다니는 어떤 느낌 같은 것이 있다. 내가 자주 느낀 것은 이질감과 고립감이었다. 그 어떤 사람도 체험하지 못하는 미리엄(Miriam)스러움의 상태에 내가 고립되어 있다는 느낌이었다. 그것 때문에 나는 자전적 만화들을 많이 읽게 되었다. 또 그것 때문에 나와 유사한 문제로 허덕이는 다른 독자들에게 내 만화가 위로를 줄지도 모른다고 생각한다. 처음 암 진단을 받았을 때 나는 뭔가 다른 사람이 되어야 한다는 압력을 받았다. 실제의 나보다 좀 더 고상하고 좀 더 용기 있는 어떤 사람이 되어야 한다는 압력. 하지만 질병과 맞서 싸우는데 있어서 고상함과 용기 있음이 유일한 덕목이라고 생각하지 않는다. 어쩌면 가벼움의 길이 지금보다 더 주목을 받아야 할지도 모른다!

‒

‒

‒

‒

인생, 죽음, 향락, 고통......나는 나이 들어가면서 이런 주제들에 대하여 전보다 더 모르게 된 것 같다. 이런 중요한 주제에 대하여 언젠가 나도 좀 심오한 말을 할 때가 오는지 모른다. 하지만 이제 그만 펜을 놓아야겠다. 텔레비전의 〈유명인사 포커 게임〉 프로그램을 보아야 할 시간이기 때문이다.

contents

006　Introduction

014　**암이란다. 이런 젠장…**

242　Thank you

246　Acknowledgments

Personal

개 인

적 인

이 야 기

사람들에게 내가 유방암에 걸렸다고 말하는
것은 아주 개인적인 일이다.

내 친구 켄드라가 직장 동료에게 유방암
진단을 받았다고 말해주었을 때 한 동료는
이렇게 말했다.

내장 기관에 암이 생겼을 때에도 사람들이
그런 식으로 반응할까······

그래서 나는 번거로움을 덜기 위해
이런 글자가 새겨진 티셔츠를 입고 다닐까
생각중이다.

END

Waiting

초 조 한

기

다

림

나는 감기에 걸려 집에 드러누워 있다가 그 전화를 받았다.

당신의 유방 X선 사진에서 석회질 부위를 발견했습니다. 조직 검사에는 두 가지 유형이 있습니다. 첫 번째 진료는 앞으로 한 달 후입니다.

나는 까다로운 상황을 만나면 평소의 일을 그대로 했다. 그건 TV를 켜놓고 보는 일이었다.

난 죽을 거야. 아론은 엄마 없이 커야겠지. 난 결국 유명한 사람이 되기는 틀렸네.

"당신이 1천만 달러 짜리 영화를 만든다는 말이 있습니다." "리자, 난 그만한 가치가 있는 사람이라고 생각해요. 하하하하."

나는 심각한 질병에 걸린 사람들이 나오는 영화와 책들을 생각했다.

이제 나는 인생의 매 순간을 즐기고 있습니다.

극심한 고통에도 불구하고 나는 사회운동을 계속 하기로 결심했습니다.

제니, 유방암 환자

밥, 뇌종양 환자

미리엄은 암인지 아닌지 확실하지도 않으면서 이미 겁을 집어먹고 있다.

이런 판에 뭘 신경 써?

빌어먹을 퀴블러-로스*의 5단계 생각이 자꾸만 났다.

아무 일도 아닐 확률이 높아. 석회질이 발견된 사람들의 80퍼센트가 암이 아니라고 하잖아······ 어쩌면 내가 거부라는 첫 단계에 있는 게 아닐까.

난 내 인생이 몇 개의 단계로 나뉘어지는 게 너무 지겨워. 그건 너무 품위 없어. 빌어먹을 퀴블러-로스.

어쩌면 내가 분노의 단계에 있는 게 아닐까.

그만 닥치지 못해!

* 퀴블러 _ 로스는 죽을 병에 걸린 사람이 보이는 반응을 거부-분노-타협-우울-순응의 5단계로 구분했다.

Waiting 02

한편 직장에서는······.

유방암 펀드에서 데이터베이스를 필요로 한대. 그들에게 전화를 걸어서 세부사항을 좀 알려 주지 않겠어?

그리고 카페에서······.

나는 유방암 환자를 위한 마라톤에 참가하려고 훈련 중이야.

멋져!

그리고 집에서······.

암에 걸리셨어요? 지원그룹:1- 800-xx-yy

유방암 환자 단합대회에 참가하세요. 암에 걸리셨어요?

암 협회인데요, 입회자 모집 건으로 전화 드렸습니다.

나는 7년 전에 유방암에 걸린 친구를 만났다.

어찌 되었든 너에게 하나의 경종을 울리는 사건이야. 네 인생을 앞으로 어떻게 살아갈 것인지 심각하게 생각해 보라는 거야.

그래, 네 말이 맞아! 이건 그 동안 늘 하고 싶어 했던 일을 하며 시간을 보낼 수 있는 기회야. 내가 하고 싶어 했던 일은······

Waiting 03

난 몬티 파이돈 팀*의 일원이 되면 좋을 것 같아⋯⋯.

빵가게를 소재로 드라마를 한번 만들어 봅시다.

그건 좀 안 좋을 것 같은데. 치즈 가게는 어때?

좋은 아이디어야!

아니면 〈뉴요커〉지 전속 만화가가 되고 싶어⋯⋯.

6월 표지? 아무문제 없어. 내게 아이디어 많아.

이런 시나리오가 현실성 없다면 성격 완전 개조 수술을 받고 싶어.

모든 것이 잘 될 것이라고 봐요. 나 개인적으로나 또 세계적으로 나.

난 가서 쿠키를 구워야겠어요.

ANTHRAX TROOPS

THE CHRONICLE

한편 나는 조직검사를 기다리고 있다.

아론 가서 이빨 닦아-- 지금! 지금이라고 했어.

아론 엄마가 지금 당장 가라고 하잖아.

잠깐만요. 내 발명품 좀 보세요.

이게 내가 즐겨야 할 소중한 순간들이야.

만약 조직검사가 양성으로 나온다면 과거에 그랬던 것처럼 인생을 다시 즐길 수 있을 거야⋯⋯.

난 테러리스트들이 공격하지 않았으면 좋겠어! 우리는 좀더 작은 도시로 이사 가야 하지 않을까? 내 팔의 사마귀는 흑색종일까? 땅벌은 무서워. 내 직업은 안전한 걸까?

E/N/D

* 미국 텔레비전의 코미디 프로그램 제작 팀.

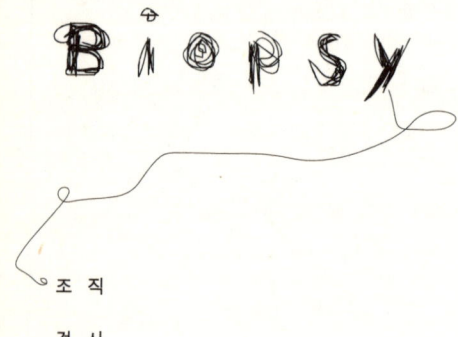

Biopsy

조 직

검 사

나는 특정부위 조직검사를 받았다. 그 위에 엎드리면 유방이 밑으로 처지게 되는 특수 테이블이었다. 나는 리프트 위에 올라간 자동차 같은 느낌이 들었다.

드르륵

드르륵

물론 의사가 실제로 바퀴 달린 카트 위에 누워있는 것은 아니었다. 하지만...... 검사 후 내 가슴에는 기이한 스티커가 붙었다.

흥미로운걸.

버드에 의해 검사 완료되었음 ..../....../......./

물론 이건 농담.

결과는 4일 후에 나온다. 나는 올바른 마음가짐이 중요하다는 것을 알았다.

내 마음이 온 세상을 통제한다는 걸 아세요? 이건이 지나가면 난 중동 문제에 집중해야겠어요.

나는 오랫동안 애용해온 비관론의 길을 걸어갈 수도 있었다.

내가 암일 거라고 예상하면 실제로는 암이 아닐 거야.

하지만 비관론의 효과를 기대하면 실제로는 낙관적인 결과가 나오니까

이거 좀 헷갈리는데.

하지만 세포들의 상태는 오래 전부터 지금 그대로였어. 네 생각이 어떻게 세포를......

쉿......난 정신을 집중하고 있어! 이건 암이야...... 이건 암이야......이건 암이야......

END

Work above all

무엇보다도

일이

중요해

조직검사 결과는 지난 일요일에 나왔다. 나는 그날 출근하여 고객의 컴퓨터에 들어가 미리 정해진 작업을 시작했다.

암? 암? 암? 암? 암? 암? 암?
암? 암? 암? 암? 암? 암?
암? 암? 암? 암? 암?
암? 암?
암? 암?

난 지금 고객의 몇몇 분야를 업데이트하고 있어. 데이터가 정확해야 돼.

그 작업을 하고서 다시 컴퓨터 매뉴얼을 손보기 위해 회사 컴퓨터로 들어갔다.

이 작업을 하려면 F4 키를 눌러야 해.

암? 암? 암?
암? 암? 암?
암? 암?

암? 암? 암? 암?
암? 암? 암? 암?
암? 암?
암?
암?
암?

X선 담당의사가 나쁜 소식을 전해 왔을 때 나는 하루 휴가를 내지 않은 게 어리석었음을 깨달았다.

아, 안 돼. 직장에서 눈물을 보이다니.

나는 이제 직장에 암 진단 결과를 통보하는 예절을 생각해야 되었다.

알림
미리엄 엥겔버그는 암 진단에 어떻게 반응할지 결정하는 일에 여러분을 초청합니다. 제발 선물은 가져오지 마세요.

두 달 전 한 직장 동료가 자궁경부암 진단을 받았다. 그녀는 컨설턴트였고 그래서 소규모 그룹을 짜서 직원들을 만나는 방법을 선택했다.

나는 소규모 그룹을 선호하는 사람이 아니므로 이메일을 사용했다.

TO: 전직원
FROM: 미리엄
제목: 나는 유방암에 걸렸다

프로젝트 시간계획
1. 외과수술
2. 병리 보고
3. 방사선 치료

자 다음으로 여러분의 반응이 어떤 것인지 듣고 싶습니다.

또한 엑셀을 소개하는 새 매뉴얼이 완료되었음을 알립니다.

Work above all 02

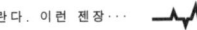

그 날 밤 나는 잠을 잘 수가 없었다.

암 암 CANCER 암 암 암
CANCER CANCER CANCE

나는 회사에서 작업한 데이터베이스를 생각했다.

잠깐만......질문 요령을 정확하게 설정했나?

어오.

데이터베이스 암 CANCER DATABASE CANCER DATA 암 데이터베이스

내가 암으로부터 기대할 수 있는 특혜는 책임으로부터 면제될 수 있다는 것이었다.

여기 타목시펜* 대커리**를 대령했습니다. 마사지 시간은 3:00로 짜놓았어요.

하지만 내 일은 너무 중요하여 암이 끼어들 여지가 없었다.

당신은 데이터베이스 작업을 안 해놓고는 죽지도 못해요. 그게 없으면 우린 세계 평화를 얻지 못할 거예요.

당신을 실망시키지 않겠어요.

END

* 유방암 치료제
** 럼주, 레몬주스, 설탕 등으로 만든 칵테일

Diagnosis

진
단

조직 검사 결과가 나오기 전에 모두들
내게 격려의 말을 했다.

그들은 선의로 그런 말을 했지만
나는 짜증이 났다.

그래서 의사가 나쁜 소식을 전해왔을 때
속으로 이상한 느낌이 들었다.

난 늘 자기 자신을 드러내지 않는
초연한 사람이 되기를 바랐다.

그래서 나는 모든 것을 말해 버리는
내 성향을 억제하기로 했다.

나는 성공하지 못했다.

Diagnosis 02

나는 자제하려는 노력을 포기하고 그것을 공식적으로 선언하기로 했다.

헬로, 자동차 상담소입니다.

우리 집의 95년식 새턴 차가 주행거리 표시기에 문제있어요. 그리고...... 난 유방암에 걸렸어요. "젠장"

한편 나는 부모님에게 말하지 않았다. 두 분은 서방 세계를 통틀어 가장 건강을 의식하며 사는 사람들이다.

우리는 지방이 전혀 없는 식단을 짭니다. 야채와 과일은 그릇 세척액으로 닦습니다.

우린 하루 3마일을 걷고 타이치*를 하고 메가 비타민을 먹습니다.

벌써 여러 해 동안 부모님은 내게 건강 관련 기사를 보내오고 있다.

독감과 감기를 구분하는 방법

햇빛 노출의 위험성

지방은 나쁘다

가장 좋은 햇빛 차단장치 고르기

비타민 C는 보호한다

독감 혹은 감기?

아연!

건강을 위한 처방 운동

운동

독감을 피하는 10가지 요령

비타민 E의 효능은

흑색종? 나쁨 오케이

칼슘:골다공증 피하기

독감 예방주사

지방은 암과 연결

건강을 위한 처방 운동

독감 혹은 감기?

나는 부모님의 말씀이 지겨워서 상담을 받기도 했다.

난 평생을 건강 걱정을 하면서 살고 싶지 않아요.

잘 했군요! 당신은 이제 인생을 통제하려고 하기보다 느긋하게 즐기는 방법을 알게 되었군요.

그러나 지금......

난 치즈를 너무 많이 먹어 이 꼴이 되었어. 엄마와 아빠는 '봐라 그렇게 된다고 하지 않았니'라고 말할 거야. 결국 부모님이 보내준 건강 정보는 다 맞는 얘기였어. 느긋하게 인생을 즐기면 안 되는 거였어.

야채는 건강에 좋아. 하지만 이건 유기농이 아니야. 생선은 바다 오염 때문에 독성이 있어. 고기는 호르몬이 있고. 낙농제품은 위험하다고 해. 하얀 밀가루는 뭔가 없다고 하더라......

* 태극권. 중국의 체조식 권법.

031

Diagnosis 03

유일하고 안전한 해결책은 아예 먹지를 않는 거야!

이거 뿐이에요? 게이서 생수?

예.

가만있어. 시판 생수에 높은 수준의 비상이 들어 있다는 얘기를 어디서 들은 것 같은데.

네 자신을 질책하지 마! 너의 식단과는 아무 상관도 없을지 몰라. 베이 지역*은 세계에서 암 발생율이 가장 높은 곳의 하나라고 나와 있어.

네 말이 맞아. 난 이리로 이사 오는 게 아니었어. 다 내 잘못이야.

나는 서포트 그룹에 나갔다.

⋯⋯그래서 나는 치즈를 너무 먹어 병에 걸렸다고 생각합니다.

하! 하! 하! 하! 하! 하! 하! 하!

서포트 그룹의 사람들은 모두 이와 비슷한 단계를 거쳐 간 것으로 판명되었다.

난 화를 너무 참아서 이렇게 되었다고 생각했어요.

피임약 때문이라고 생각했어요.

유화를 그렸기 때문이라고 생각했어요.

나는 계속 발병의 원인을 궁금하게 생각했다. 하지만 그 원인을 안다는 게 무슨 도움이 될까?

말씀해 주셔서 감사합니다. 나는 이제 진짜로 깊은 우울증에 빠질 수 있겠군요.

이 DNA 검사는 치즈 섭식에 의한 유전자 변이가 당신의 암을 야기한 것으로 명쾌하게 증명했습니다. 쉽게 말하면 그건 모두 당신 잘못입니다.

END

* 샌프란시스코

033

Breast cancer as a hobby

취미가

되어버린

유방암

짐과 내가 외과 의사를 직접 만날 무렵 나는 유방암에 대하여 많은 것을 알고 있었다.

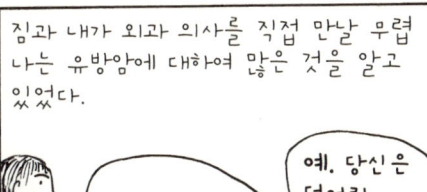

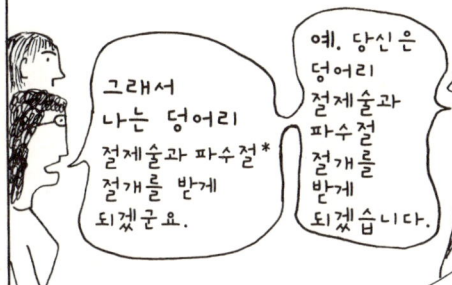

그래서 나는 덩어리 절제술과 파수절* 절개를 받게 되겠군요.

예. 당신은 덩어리 절제술과 파수절 절개를 받게 되겠습니다.

유방암은 나의 새로운 취미가 되었다. 나는 유방암 관련 책자들을 읽었다.

나는 같은 취미를 가진 사람들과 어울리게 되었다.

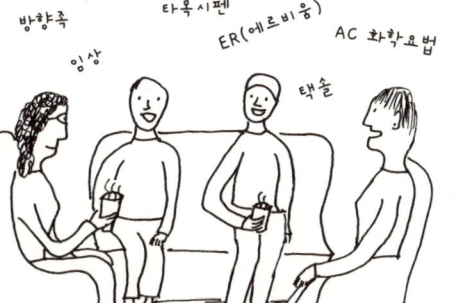

방향족   타목시펜   ER(에르비움)
    임상   AC 화학요법
              택솔

나는 파티에 초대받아 가면 이 세상에서 가장 따분한 파티 손님이 되었다.

종양에는 두 가지 다른 유형이 있어요. 에스트로젠 양성과 PR 양성이 그것인데……

와우, 흥미롭네요.

새 취미 덕분에 나는 사람들을 쉽게 만나게 되었다.

당신도 암에 취미가 있나요?

어떻게 알았죠?

암과 당신

하지만 늘 쉽게 유대감을 느끼는 것은 아니었다.

난 소세포 폐암종을 갖고 있어요.

아, 그래요. 난 폐암은 잘 모르는데.

암과 당신

* 맨 앞쪽에 있는 림프절.

END

Crosswords

낱 말

맞 추 기

아무리 좋은 상황에 있다고 하더라도 나는 아무 생각도 하지 않는 것을 더 선호하게 되었다.

어 오······ 10분이 지났는데도 영화가 시작되지 않네. 너무 어두워서 책을 읽을 수도 없고.

내면의······생각을······ 회피해야 돼······ 생각의 과정을······ 그 대신······ 집중해야 돼······ 유명인사들의 수다에.

암진단을 받은 후 나는 생각을 멈추려고 무척 노력했다.

수술할 때 전신 마취를 하게 될 겁니다.

지금은 어때요? 지금 당장 전신 마취를 할 수는 없나요?

내가 평소에 사용했던 도피 방법은 전혀 통하지 않았다. 나는 책을 읽으려 해도 집중할 수가 없었다.

클라라? 이 여자가 누구지?······아, 맞아 여주인공이었지.

내가 즐겨 듣던 라디오 방송도 시들했다.

오늘 '신선한 공기' 프로에서는 여자 만화가들을 인터뷰할 예정인데 이들은······

ㅡ 획 꺼버림

따분해!

심지어 텔레비전조차도 시들했다.

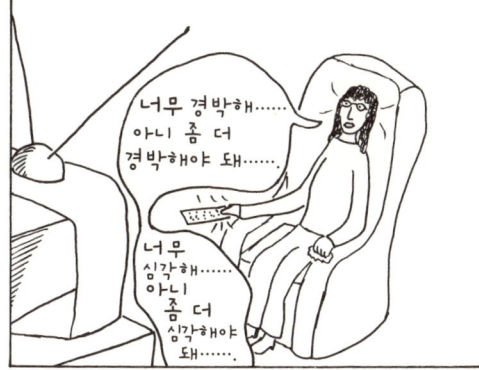

너무 경박해······ 아니 좀 더 경박해야 돼······

너무 심각해······ 아니 좀 더 심각해야 돼······

Crosswords 02

과거에 자기 계발서를 많이 읽었던 게 기억났다.

유일한 탈출구는 정면 돌파.

피하지 말라, 명상하라!

느낌으로부터 치료가 온다.

그 대답은 너무 뻔했다.

피하지······ 말라······ 자기 계발······ 뻔한 얘기들.

내가 막 포기하려던 순간 일요판 신문 텔레비전 안내 마지막 페이지를 발견했다.

흐음······.

전에는 TV 낱말 맞추기 퍼즐을 거들떠 보지도 않았다. 하지만 지금은 아주 매혹적이었다.

"행복한 시절"의 어머니. 가만, 그 여배우 이름이 뭐였더라?

나는 그 여배우 이름만 계속 생각했다.

······그리고 화학 치료를 하고 이어 방사선 치료를 할 겁니다.

"웃기는 상황"에 고정 출연. 4철자. 릴리, 메리?

낱말 맞추기 덕분에 나는 일종의 열반 비슷한데 들게 되었다.

암! 그건 너무 끔찍합니다.

흐음······.

"멜로즈 플레이스"의 제작자. 아, 나 그 사람 이름 알아.

Crosswords 03

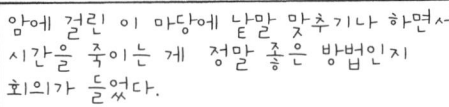

암에 걸린 이 마당에 낱말 맞추기나 하면서 시간을 죽이는 게 정말 좋은 방법인지 회의가 들었다.

내가 갑자기 죽어버리면 어떻게 해? 이제 도피는 그만 두고 삶과 죽음에 정면으로 맞서야겠어.

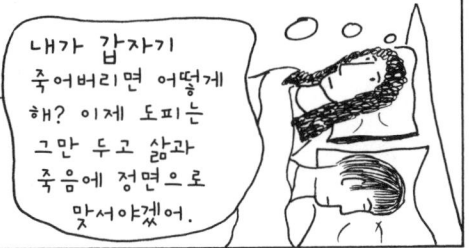

아니야! 죽음과는 나중에 맞서고 싶어. 이 겁나는 암 덩어리를 해결한 후에.

결국 인생이라는 게 상당 부분 시간 때우기가 아닌가······

내가 매일 일을 해야 하는 신세가 아니라면 이것도, 저것도 할 수 있을 텐데.

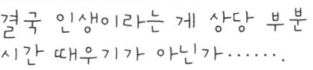

죽음에 대한 공포

수시로 떠오르는 난처한 기억들

혼란스러운 세상의 형편

거대한 공백

어머, 시간이 이렇게 흘렀네! 해야 할 일 리스트로 돌아가야지.

TV 낱말 맞추기가 그 밖의 행위들과 그렇게 다른 것일까?

유방암에 걸린 1970년대 스타. 흐음······ 재클린 스미스? 케이트 잭슨? 올리비아 뉴튼 존?

END

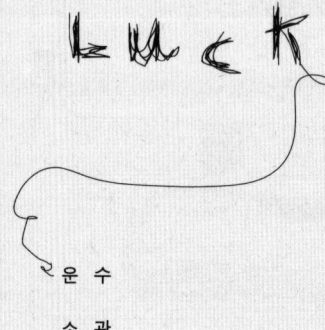

운 수

소 관

"우리는 세상을 하나의 커다란 기계로 보라는 가르침을 받았다. 그 기계의 표면에서는, 우연이 로또 복권처럼 개입한다. 왕창 따는 사람이 있는가 하면 처참하게 잃는 사람이 있다. 대부분의 사람들은 그 중간쯤에 있으면서 희망을 갖고 플레이를 펼친다. 이러한 세계관이 사람들에게 미치는 악영향은 도처에서 발견된다."

존 호큰베리

내가 암 진단을 받던 날 세상은 두 쪽으로 갈라졌다.

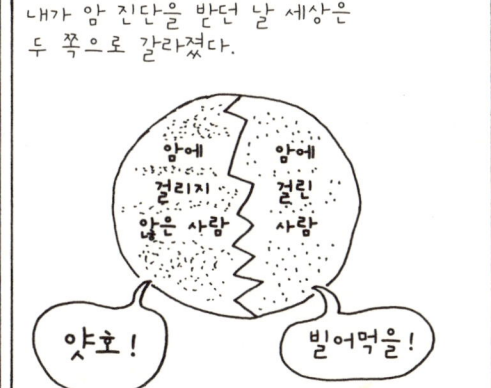

갑자기 암 그룹의 일원이 된다는 것은 충격이었다. 나는 그때까지 암 그룹을 밖에서만 보아왔다.

어디를 가나 나는 그 2분법을 피할 수가 없었다······

암 진단은 내가 어린 시절부터 느껴왔던 느낌을 다시 확인해 주었다.

LUCK 02

044

어떤 사람들은 불행을 긍정적 관점에서 해석했다.

내가 사고에서 살아났을 때 하느님이 아직도 나에게 어떤 계획을 갖고 계시다는 걸 알았어요!

하지만 살아남지 못한 사람은 어떻게 되는가?

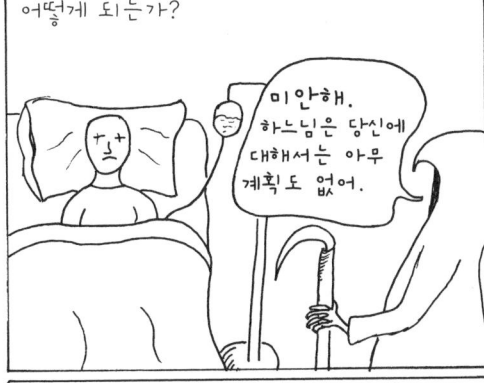

미안해. 하느님은 당신에 대해서는 아무 계획도 없어.

나는 하나의 목표물이 되어버린 느낌을 떨치기 어려웠다.

부모님이 히틀러를 피해 이민 오셨을 때부터 시작된 거야······.

그래, 그래, 이유야 많겠지. 그런데 말이야, 어떤 사람들은 어려운 사건들을 아무렇지도 않게 떨쳐내.

지난 주 길거리에서 어떤 남자가 나한테 갑자기 다가오더니 아무 이유도 없이내 뺨을 갈기는 거야!

하지만 난 그걸 개인적인 문제로 받아들이지 않았어. 그는 분명 정신병자였으니까. 불쌍한 사람.

그러나 나는 모든 것을 나와 관련된 개인적인 문제로 받아들였다.

지난 주 버스에서 어떤 남자가 내 쪽으로 고개를 확 돌렸어! 5년 전에는 한 무리의 십대 소년들이 나를 비웃었어······.

LUCK 03

46

암 진단도 그래.

하 하······
넌 운이
나빴던 거야!

물론 외부 세계는 나를 안 됐다고
생각해······.

불쌍한
미리엄!

그녀는 어떻게
견딜까?

하지만 암환자들의 세계에서
나는 운이 좋은 경우야.

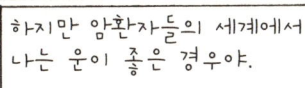

나의 림프절은
깨끗해요.

그래요?
난 림프절에도
전이됐는데.

한숨

물론 운이라는 것은 어디까지나 상대적이다.

종양이 공격적이어서
나는 화학 요법을
받아야 했어요.

그래요?
내 종양은 아주
작아서 화학
요법이 필요
없었어요.

하느님이 어떤 부류의 사람들을 점찍어
놓고 있다는 건 웃기는 얘기이다.

흐음,
저 여자에게는
심장병을
주어야겠군.
이 친구는
회오리바람에 죽게
하고, 그녀에게는
암을 주어야지······

하지만 무작위적인 우주 또한 무섭기는
마찬가지다.

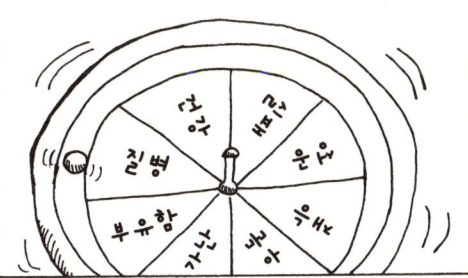

LUCK 04

아무튼 나는 이런 편집병적인 생각이 지겨워졌다.

아우
종이에 손을 베었네!
오늘 일진이 나쁘겠는걸.

편집자에게 보낼 만화가 든 봉투를 접다가 이렇게 손을 베었어.

어쩌면 그 잡지는 내 만화를 채택하지 않을지 몰라.

나는 내 마음가짐을 바꿀 준비가 되어 있다.

이것도 좋은 일이야.

흙탕물

······하지만 나는 그렇게 할 수가 없었다.

잠깐만······
내 주위에 흙탕물 세례를 받은 사람은 아무도 없잖아. 이 세상은 나를를 꼭 점찍어 놓고 있는 거야. 난 그걸 알고 있어!

어쩌면 운수라는 것은 기질의 문제인지 몰라.

······그리고 나는 실직을 하고 이어서 팔을 부러뜨렸어요. 하 하! 인생은 이처럼 모험으로 가득차 있어요.

······그리고 어떤 사람들은 행운만 몰아서 차지해.

END

Embarrassment vs. death

당 황 스 러 움

v s .

죽 음

수술을 받던 날 나는 온갖 근심 걱정에
휩싸였다.

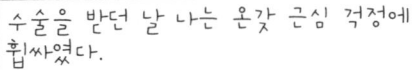

종양이 너무 크면
어떻게 하지?
수술대 위에서
죽어버리면
어떻게 하지?
림프절에도
전이가 되었으면
어떻게 하지?

하지만 가장 큰 근심은 그들이
나를 수술 대기실로 밀고 들어갈 때였다.

이제 당신의
안경을
벗겨야겠습니다.

어 오······.

안경이 없으면 나는 세상 사물이
흐릿하게만 보인다.

바로 내 코앞에 서 있지 않는 한
그 사람이 누구인지 알아보지 못한다.

하이.

저 사람은
내게 말을
거는
것일까?

나를 수술할
의사인가 보다.

하이!

챈 부인, 혹시
어떤 알레르기가
있으신가요?

이런,
내 의사가
아니네.

051

Embarrassment vs. death 02

정말 당황스럽네!

몇 주 전 나는 수술 중에 죽는 꿈을 꾸었다.

나는 지금 수술 5분 전의 상태인데 그저 생각나는 것은 인사밖에 없었다.

내 의사가 들어올 때 그를 알아볼 수 있으면 좋겠는데. 남한테 무례하게 보이는 건 싫어!

이런 드라마틱한 순간에 좀 더 거대한 문제를 명상할 수 있으면 좋을 건데.

우주의 빅뱅이 일어나기 위해 그 선결 조건으로는······.

혹은 내가 받을 수술의 의미심장함을 명상할 수도 있을 텐데.

내 유방이 이처럼 아름답게 보이는 건 지금이 마지막이겠구나.

하지만 나는 올바른 선택을 했다고 생각한다.

아내는 어떻습니까?

당신의 아내가······ 아주 예의바른 사람이었음을 보고하게 되어 너무 기쁩니다.

END

Ace bandage

에 이 스

밴 드

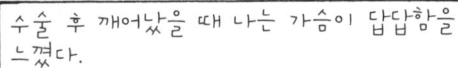

수술 후 깨어났을 때 나는 가슴이 답답함을 느꼈다.

아, 아. 난 심장 마비가 오려는 걸까?

그 답답함은 내 가슴속에 있는 게 아니라 가슴 주위에서 느껴지는 것이다.

이건 뭐지······.

나는 내가 일찍이 본적이 없는 대형 에이스 밴드에 감싸여져 있었다.

야, 이렇게 큰 밴드를 발명해낸 사람은 누굴까?

나는 서포트 그룹에게 밴드 얘기를 꺼냈다.

깨어나 보니 커다란 밴드에······

나도 그랬어요.

에이스 밴드?

그런데 수술 의사는 그걸 어떻게 감았을까요?

글쎄······.

Ace bandage 02

The disposition of doctors

의 사 들 의

기 질

유방 X선 사진보다 더 나쁜 건 뭘까?

움직이지 마세요.

···갑자기 와이어가 유방을 찔러오는 유방 X선 촬영기.

아야!

약간 불편하실 수 있습니다.

나는 덩어리가 만져지는 상태가 아니었기 때문에, 유도 와이어를 집어넣어야 했다.

플레이트 사이에서 평평하게

흐음······ 이걸 한번 더 해야 겠는데요.

하숨

덩어리가 없다는 사실은 처음에 나를 혼란스럽게 했다.

내 종양은 1센티 이하였지만 악성이 었어요.

내 것은 에스트로겐 양성이었어요. 당신은요?

그런 서포트 그룹의 여자들 얘기를 들으면서 나는 좀 다르다고 흐뭇해했다.

난 종양이 없어서 얼마나 다행인지 몰라.

하지만 암세포는 어떤 타입이든 종양이었다······

이런 젠장.

닥터 수잔 러브의 유방암책

The disposition of doctors 02

하지만 만져지지 않는다면 아주 작은 덩어리일 거야. 거의 현미경 수준!

맞는 얘기야?

나는 진단 이후 의사들에게 많은 질문을 했다······.

······하지만 나는 종양의 크기에 대해서는 물어보지 않았다.

덩어리 제거수술은 유방 제거수술만큼 효율적인가요? 타목시펜을 복용해야 하나요? 치즈를 너무 많이 먹어 암에 걸린 건가요?

아주 작다잖아.

그러니 물어볼 필요가 뭐야?

수술해야 한다는 소리에 넋이 나가고 유방에 와이어가 주저리주저리 달린 채로 의사에게 물어보았다.

그런데······ 종양은 얼마나 큰 거죠?

글쎄요, 약 2센티 정도 되는 것 같습니다.

The disposition of doctors 03

2센티!?

2센티는 2단계를 의미했다.

······어쩌면 그보다 더 클 수도 있습니다. 정확히 말하기는 어려워요.

!

더 크다고요? 하지만 촉지도 되지 않았는데요!

나는 공황 상태에 빠져 대기실로 돌아갔다.

그보다 더 클 수도 있습니다. 그보다 더 클 수도 있습니다. 그보다 더 클 수도 있습니다.

다행히 한 시간 안에 나는 낙천적 성격의 수술 의사를 만날 수 있었다.

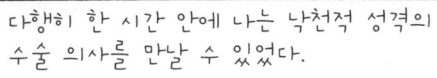

얼마나 크냐고요? 2센티 정도 되는 것 같아요.

하지만 그보다 작을 수도 있습니다.

자 이제 푸른색 염료를 집어넣습니다. 약간의 불편을 느낄 수 있습니다.

아야!

The disposition of doctors 04

진단 받은 이후 수술 의사와 통화하면 늘 안심이 되었다.

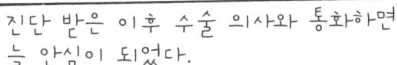

전 수술을 언제 받게 되는 거죠?

어디 보자. 12일이 좋은 것 같군요. 12일 월요일은 어떻습니까? 당신에게도 편안한 날입니까?

갑자기 수술은 통상적 일과의 한 부분처럼 되어 버렸다. 수술 의사의 수첩에 한 항목으로 오른 것이다.

NOVEMBER 12

8:00 과 회의
9:00 타임시트 제출
12:00 점심
1:00 미리엄의 덩어리 제거 수술
5:00 세탁물, 세탁소에 맡김

모든 외과 의사들이 쾌활할까?

나를 수술한 의사는 늘 낙관적이었어요.

나도요!

그거 이상하네. 나도

어쩌면 그런 성격을 가져야 외과 의사가 될 수 있을 것이다.

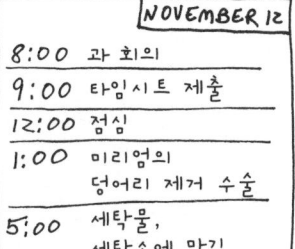

환자의 가슴을 절개한다고? 한번만 실수 하면 치명적일 수도 있는데?

괜찮아. 아무 문제 없어!

어쩌면 외과 의사의 직분이 그를 낙관론자로 만드는지도 모른다.

내가 수술실에 들어갔을 때 환자는 종양이 있었지요. 내가 수술을 끝내니 종양은 없어졌어요.

The disposition of doctors 05

반면에 X선 의사는 다른 역할을 한다.

종양 의사의 역할도 다르다.

그렇다면 진실은 어디에 있나?

수술 후 외과 의사의 예측이 정확했던 것으로 판명되었다.

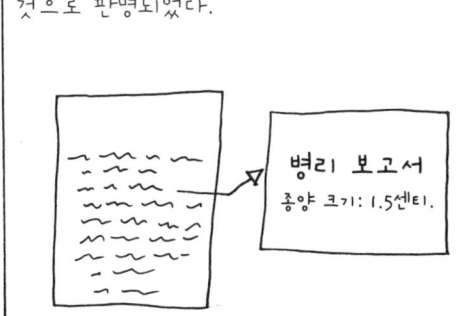

나는 인생의 다른 문제에 대해서도 수술 의사와 상담하는 것을 고려 중이다.

Everything is my enemy

모 든
것 이
나 의
적

Hair

머
리
카
락

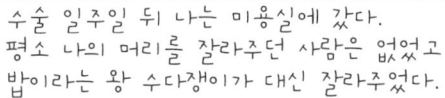

* 아드리아마이신과 키톡산

Hair 02

미용실의 실비가 아주 침착하게 반응하는 바람에 나는 마음이 편안해졌다.

그러지요. 아프다는 얘기를 들으니 마음이 안 됐네요. 무슨 암이에요?

통상적인 대화가 계속되었다.

어떻게 발견했나요?

갑자기 뭔가 느껴졌어요. 하지만 의사는 촉진으로 아무 것도 발견하지 못했어요. 그래서...

잠시 뒤 나는 내 옆에 앉아 있는 젊은 남자를 자꾸 의식하게 되었다.

폐경전 단계
에스트로겐
암세포
유방 조직
자가진단
림프절
종양
크기
공격성
조직검사
케모
세포
유방X선 사진

나는 내가 그에게 어떻게 보일지 상상할 수 있었다.

얘야, 안녕, 난 지금 가서 알약을 먹어야 해.

그러세요... 난 여자 친구의 집에 가서 화끈한 섹스를 할 거예요.

2주 뒤 내 여동생과 나는 '가발의 집' 이라는 곳에 쇼핑을 하러 갔다. 우리가 가게 안으로 들어서자 주인은 황급히 담배를 비벼 껐다.

어서 오세요.

가게는 담배 냄새가 났고 가발을 씌워놓은 마네킹의 얼굴은 천박해 보였다.

073

Hair 03

Hair 04

푸른색 가발은 많은 반응을 이끌어냈다.
특히 여기 샌프란시스코에서.

어이, 프랭크,
저 여자
머리 좀 봐!

불행히도, 그 말을 듣고 그냥 지나치기엔
내 자의식이 너무 강했다.

제 머리는
정상적인 모발을
염색한게
아니라
가발을 쓴
거에요~
케모를
받았거든요.

나는 푸른색 가발과 같은 스타일의 검은색
가발을 사기 위해 다시 하이트 거리로
갔다. 검은색 가발이면 좀 더 자연스러워
보일 거라고 생각한 것이다.

그런 스타일로 검은색
가발은 없어요.
대신
이 빨간색
가발은
어때요?

정말 당신한테
잘 어울리는 가발이예요.

맞아요. 나도 이 가발이
마음에 드네요.

새로 사들인 그 가발은 푸른색 가발처럼
튀지는 않았지만 그래도 많은 칭찬을 받았다.

난 당신의 머리가
마음에 들어요!

감사
합니다!

버스 정류장
38, 31, 21

와우! 당신의
머리는 너무
멋져요! 어떻게
그리도 완벽하게
다듬었나요?

감사합니다!
실은 이건······.
특별한 방식으로
드라이한
거랍니다.

Hair 05

나는 또한 그 가발이 나를 흡연자처럼 보이게 한다는 것도 발견했다.

헤이, 라이터 좀 빌릴 수 있겠소?

죄송합니다. 담배 한 가치만.

그리고 모두들 내가 타고난 빨강 머리처럼 보인다고 말했다.

너의 밝은 피부와 주근깨 때문에 그 색깔이 정말 잘 어울려.

고마워.

내가 평생 엉뚱한 머리 색깔을 지니고 살아온 게 틀림없었다. 나는 이제 내가 늘 되어 보고 싶어 했던 사람이 될 수 있었다.

웨이터, 맨해튼 칵테일 한 잔 더. 내 계산서에 추가하도록 해.

예, 아! 이걸 몇 년 전에 해보았어야 하는 건데.

나의 베스트셀러 회고록을 읽는 것으로 시작하겠습니다. 이 챕터에서 나는 막 말리부에 있는 알코올 재활 치료 센터에 들어갔습니다.

그래 모든 일이 잘 풀려나갈 것 같애!

END

The F.O.L gene

생 기

충 만

유 전 자

미리엄의
암 극복 강좌에 오신
것을 환영합니다!
당신은 긍정적
사고방식이나 값비싼
약초 치료 없이도 암을
극복할 수 있습니다!

다음과 같은 장면이
낮익다고 생각되십니까?

난 믿을 수가 없어······
그녀는
늘 생기
충만했는데!

난 그녀보다
더 활기
찬 사람은
본 적이
없어!

과학자들은
모든 암 환자의
90퍼센트가
생기 충만
성격과 관련이
있다고
밝혀냈습니다.

"당신은 장례식에서
이런 말들은 듣지
못할 겁니다······."

난 믿을
수가 없어······
그녀는 늘 인생을
따분하게 여겼는데!
난 그녀보다 더 맥 빠진
사람은 본 적이 없어!

그래서
라이프스타일의
간단한 변화가
생사의 차이를
만들어낼 수
있습니다.

보니 레이트 공연의 앞 좌석
표를 구했어. 갈 테야?

아니,

해변에 산책을
나가는 건 어떨까?

아니,

네가 좋아하는 작가와
함께 저녁식사는?

흥미 없어.

END

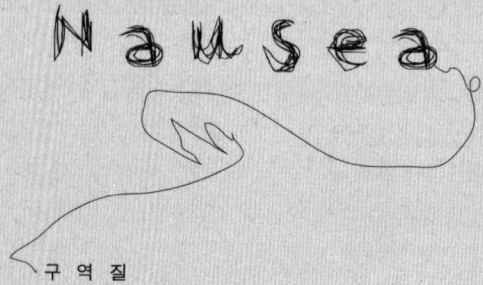

구 역 질

나는 아주 어린 적부터 토하는 것을 두려워했다. 어떤 친구가 위염을 앓았을 때, 나는 늘 물어보았다.

토했니?

겨우 세 번.

겨우 세 번이라고라?

세 번씩이나. 어휴 지겨워. 난 위염에 걸리면 죽어버릴 거야!

어느 날 직장 동료와 얘기를 하고 있었는데......

이 학생은 한 시간이나 지각을 해놓고 한다는 말이......

어 오...... 잠깐만. 토할 것 같아.

5분 뒤.

미안해. 새 HIV 약을 먹었더니 이렇게 토하게 돼. 그래 뭐라고 말하려 했지?

정말 놀라운데.

뭐가?

넌 토하는 걸 아무렇지도 않게 생각했잖아. 너무 멋져!

Nausea 02

케모(화학 요법)를 받게 되었을 때
나는 오로지 한 가지에만 집중했다.

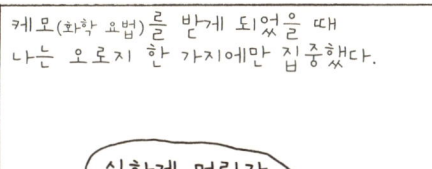

심하게 머리가
아팠고 양 팔에
혈전이 생겼고 열이
103도(39.4도)까지
올라가서 입원을
해야 되었어.

그렇지.
그렇지.
그래 토했니?

내가 미리 얘기해 본 여자들은 대부분
케모가 그리 고생스럽지 않다고 말했다.

화학 약품을 주입하고
난 뒤
직장을
한 이틀만
쉬면
되었어.

난 구역질이
나지 않았어.

내가 말해본 여자들은 하나도 토하지
않았다는 것을 알고 별 걱정을 하지 않으면서
케모를 받으러 갔다.

타임시트(근무시간
기록표)를 다음
화요일까지 내어야 해.
오늘 내는 게
좋을 거야.

화요일이면 출근을
할 수 있을 거야!

나는 목요일에 케모를 받았다.
하지만 그로부터 회복되는 것은 감기로부터
회복되는 것과 같은 과정이 아니었다.

FRIDAY
목요일보다
나음

SATURDAY
심하게
욕지기를
느낌

SUNDAY
구토는 좀
가라앉았으나
콤파진에
알레르기반응

얼굴의
경직된
근육

MONDAY
중간 정도의
욕지기

화요일

극단적인 구토 증세
+
두통
+
입안에
끔찍한 화학
약품 냄새
+
복통
+
설사

나는 아무리 해도 직장에 출근할 수 없었다.
그래서 보스에게 전화를 걸어 타임시트를
불러주어야 했다. 전화를 언제 걸지가
문제였다.

9:00am
너무
메스꺼워.

9:30am
너무
정신이 멍해.

타임
시트가
뭐지?

10:00am
그래, 이제
좀 나아.
전화해도 되겠어.

Nausea 03

······ 그리고 12월 10일에는 데이터베이스 작업을 했고······ 아니 그게 11일이던가? 죄송합니다. 오늘 통 응집력이 없어서.

응집력? 응집력? 그게 내가 말하려던 단어야? 그래, 그 단어가 맞는 것 같은데.

아직 나의 머리카락을 잃지는 않았지만 이미 정신을 잃음.

내 여동생은 아론에게 크리스마스 선물로 라바(용암) 램프를 약속했다. 그녀가 사온 것은 보라색 색깔에 검붉은 것이었다.

아론······ 남아있는 물건 중에는 이 색깔 뿐이었어.

너무 멋있어!

케모를 시작한 이래 나는 거실을 내 침실로 사용했다. 라바 램프는 창문 옆 테이블 위에 놓여 있었다.

아론은 방에 들어올 때마다 그 램프를 켰다. 매트리스에 앉아 있는 내 위치에서는 그걸 볼 수밖에 없었다.

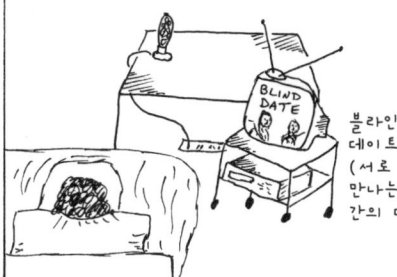

블라인드 데이트 (서로 모르고 만나는 남녀 간의 데이트)

검붉은 액체 속에 움직이는 붉은색과 보라색의 작은 덩어리들. 그걸 보고 있으면 내 간과 콩팥을 보는 것 같았다. 지난번 케모 때 주입된 붉은 아드리아미신이 가득 찬 장기들.

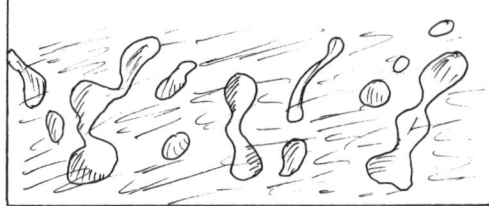

Nausea 04,

그 램프를 쳐다보고 있노라니 평소보다 더 구역질이 올라왔다. 하지만 나는 아들의 즐거움을 망치고 싶지 않았다.

피처럼 붉은 불빛.

저 램프를 쳐다보지 마······ 생각하지도 마.

엄마 저 덩어리들 좀 봐. 움직이고 있어.

침대에 누워 평소 관심 있는 일들을 할 수 있다면 신체적 고통은 얼마든지 감당할 수 있다고 예전에 생각했다.

이걸로 인해 책을 읽고 만화를 그릴 시간이 많아질 것 같아.

여보, 그거 잘 되었네.

나는 지속적으로 아픈 상태가 이처럼 악영향을 미치리라고는 예상하지 못했다. 나는 TV 가이드의 낱말 맞추기를 빼놓고는 모든 것에 흥미를 잃어버렸다.

엄마, TV에서 유방암에 관한 대담을 해. 그게 엄마가 걸린 거잖아.

쉿, 난 바빠.

나는 코미디 비디오를 많이 빌려와서 보았으나 하나도 재미가 없었다.

이건 스토리가 탄탄한 영화로군. 재미있어.

잠시 뒤 나는 내가 과연 어떤 것에 흥미를 가진 적이 있었는지 의심스러웠다.

내가 자살을 사고로 가장할 수 있다면 당신과 아론은 내 생명 보험금을 타먹을 수 있을 텐데.

나는 서포트 그룹을 만나서도 불편함을 느끼기 시작했다.

나는 12번 토했습니다. 하지만 지금은 괜찮아요. 그리 심하게 고생하지 않았어요.

저 여자는 견디어냈다는데 난 뭐가 문제야? 난 불평만 하잖아. 이 케모를 제대로 받지 못하잖아.

Nausea 05

90

나는 케모에 대한 준비가 부족했음이
분명했다.

머리가
쿵쾅거리고 속이
니글거리고 토할
것만 같아요.
정말 못
견디겠어요!

젊었을 때
마약을 심하게
하지 않았군요.

나는 한때 늘
그런 상태였어요.

나는 그 직장 동료를 구토 전문가로
초빙하지 못한 게 아쉬웠다.

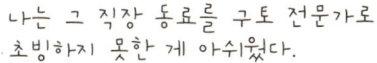

마리화나 중독자
증세라는 게 있죠.
그럴 땐 위장에 들어
있는 걸 모두
토해내야 합니다.

아무튼 난 그걸 견뎌냈다.
모두들 이런 격언을 보았을 것이다.

하느님은 우리가
감당할 수 없는
것은 부과하지
않으신다.

그건 순전히 헛소리이다. "감당"이라는 말은
무슨 의미인가? 이런 식으로 견뎌야 한다면.

난 기분이 더러웠고
대낮 TV는
재미가 없었어요.
삶의 의미는
무엇인가요?

— 이것은 남에게 위로를 주는
말은 아니다.

그 과정 중 제일 두려운 부분은
내가 너무 쉽사리 용기를 잃어버린다는
것이었다. 하지만 이거 하나만은
말할 수 있다.

난 단
한 번도 토하지
않았어요!

END

Something unpleasant & U

불 쾌 한

것

그 리 고

당 신

어떤 치료 과정이 되었든 거기에는
교육 소책자가 있다.

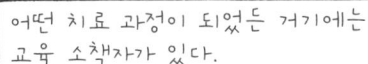

두려워하지 마세요.
이것이 모든 걸
설명해 드립니다.

불쾌한 것 그리고
당신!

소책자의 표지에는 보통 자연 경관이 실려 있다.

화학 요법……그리고
당신!

난 케모를
두려워했어.
하지만 그걸
이 아름다운 해변
풍경과 결합시키고
보니 감당할 수
있을 것 같아.

때때로 소책자의 표지에는 우스꽝스러울
정도로 쾌활한 환자들의 사진이 실려 있다.

유방암 수술……과
당신!

나는 그 환자들이 뭘 그렇게 열띠게
토론하고 있는지 늘 궁금했다.

나는
수술 받는 게
좋아!

나도!

거기다가
온갖 약까지 주잖아!

소책자의 어조는 늘 냉정하고 침착하다.

당신은 케모 중에 구역질을
할 수도 있습니다.

Something unpleasant & U

적어도 문미에 마침표를 찍을 게 아니라
감탄사 부호를 찍어야 하는 게 아닐까?

- 당신은 케모 중에 구역질을
  할 수도 있습니다!
  그리고 이 문장을 이런 식으로
  약간 바꾸고 싶다.

- 당신은 케모 중에 끔찍하면서도
  살인적인 구역질을 할 수도
  있습니다!

그리고 표지의 그림은 좀 더 현실감을
높이고 싶다.

그런데 여기서 잠깐만⋯⋯
어쩌면 나는 교유용 소책자의 세계를
너무 무시하는 것 같다.

미리엄의 세계   소책자의 세계

미리엄의 세계   소책자의 세계

미리엄의 세계   소책자의 세계

- 기분이 더럽다

- 생사의 의미가
  무엇이냐?

- 나는 너무 슬프다

- 이런
  간단한
  조언을
  잘 실천하면
  당신은
  곧 기분이
  좋아집니다!

잘 모르고 소책자 세계를 다녀왔을 때에는
나를 진정시키는 효과가 있었다.

운동을 하면
방사선 피로를
완화시킬
수 있어요.
생강차는
욕지기를
없애줘요.

왜 당신은 모범적인 암 환자처럼
말하는 거야?

END

The wrong visualization

엉뚱한

시각화

* 사육제의 마지막 날에 벌어지는 떠들썩한 축제

Keeping up with the joneses

이웃
따라
하기

나의 서포트 그룹은 나의 사기 진작에
큰 도움이 되었으나 어느 날 이런 일이
벌어졌다.

난 30번이나
토했어! 병원에서
정맥 주사를
놓아야 하는데
핏줄을 찾지
못했어.

나는 내가 이웃을 따라가지 못한다고 느꼈다.

하지만 지금은
병원에서
투약을
조절해서
괜찮아.

와우. 저 여자는
그런 커다란 시련을
겪고도 어떻게
저리도 쾌활할까?

나는 암에
걸리기
전보다 더
우울했는데.

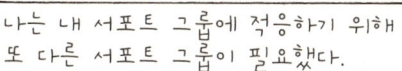

나는 내 서포트 그룹에 적응하기 위해
또 다른 서포트 그룹이 필요했다.

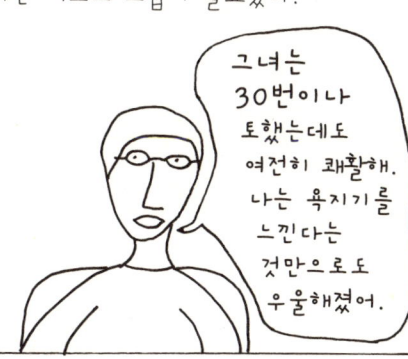

그녀는
30번이나
토했는데도
여전히 쾌활해.
나는 욕지기를
느낀다는
것만으로도
우울해졌어.

와우, 저 여자는 케모를
받고 나서도 어떻게
저리도 쾌활할까?
난 열등감 느껴.

Hangnail

거 스 러 미

사소한 질병을 앓고 있는 사람들은 암 환자 앞에서 자신의 병에 대하여 불평하는 것을 어렵게 여긴다.

감기 걸렸다는 말을 들었어요. 이제는 좀 나아요?

그건 아무것도 아니었어요. 당신은요?

그들은 자신들의 관심이 암환자에게 사소하게 보일지도 모른다고 걱정한다.

나의 사소한 문제로 당신에게 부담을 주고 싶지 않아요.

물론 암환자들은 자신의 고통으로 인해 남에 대한 인식이 깊어졌으므로, 다른 사람의 고통을 사소하게 생각하지 않는다.

거스러미! 얼마나 성가셨을까!

아주 지옥이었지요!

END

101

Stress

스트레스

암에 걸렸다는 것을 알았을 때
나는 결심을 했다.

난 내 생활의
스트레스를 크게
줄여나갈 생각이야.

좋은
생각이야!
그건 너의
면역 체계를
강화해 줄 거야.

그렇게 하는 건 쉬울 것 같았는데
난 곧 문제에 봉착했다······ 내 성격 때문이었다.

어 오, 딩동 소리가 안 나는데.
운전사가 들었을까? 정류장에
안 서면 어떻게 하지? 믿어줄까?

다음 정류장에서
내릴까 아니면
운전사에게
말해야 하는
걸까? 내 말을 믿어줄까?

이제 아론의 셔츠는 다 작아졌어.
물물 교환 센터에 가봐야 할까?

적당한 치수가
있을까? 언제
시간 내서 갈까?

알맞은 사이즈가
있어야 할 텐데.

그래, 나는 아주 특별한 재주를
갖고 태어났어! 전혀 스트레스가
아닌 상황에서도 스트레스를
만들어내는 재주. 이걸 좀 봐...

마가렛 조가 20일에
공연한대. 공연 갈 테야?

와우! 그녀는
정말 웃겨.
가고
싶어······
하지만······
공연장에 어떻게
가지? 차를 몰고
가면 주차가 어려울
테고 다시 집에
돌아오면 빈 자리가
없을 거야. 그리고
거기 직접 가는 버스도
없어. 그리고······

스트레스가 아주 구체적인 외부
상황으로부터 온다면 그것을 줄이는 것이
훨씬 쉬우리라.

정말 어려운 결정이야.
하지만 신나고 봉급
많이 주는 직장을
포기하고 대신
가정에만 충실해야
할까봐.

Stress 02

적어도 영화에서는 늘 상황이 그렇게 끝났다.

난 전에 늘 엉뚱한 것에만 집중했던 것 같아요. 난 이제 정말로 생활을 사랑하게 되었어요. 난생 처음으로!

그리고 당신은 내게 진정한 사랑의 의미를 가르쳐 주었어.

영화에서 이런 장면은 절대로 안 나온다.

내 인생은 전에는 멋졌으나 이제는 영 꽝이에요! 게다가 난 이 촌스러운 스카프를 써야 하는게 너무 지겨워요.

당신은 입만 열면 바가지야!

- 영화 끝 -

자 스트레스 얘기로 다시 돌아가자. 지금 나는 20년 전 대학생 시절로 되돌아가 있다.

다음 주의 기말 시험이 어서 끝났으면 좋겠어! 그러면 평소처럼 인생을 즐길 수 있을 텐데.

1주 뒤……

만세! 이제 시험이 끝났다. 정말 기분 좋아! 가슴이 다 시원해.

이번 방학은 아주 화끈할 거야.

2주 뒤……

무슨 일을 해도 시시해. 우린 결국 죽고 말잖아.

6주 뒤……

앞으로 3주 안에 리포트를 3개나 써야 해! 너무 힘든데. 이걸 다 끝내면 너무 행복할 텐데.

105

Stress 03

잠깐만.
이렇게 과거를 회상하다 보니
스트레스 없애기는
나한테 안 통하는
것 같아.

그럼 어떤
해결안을 갖고
있어?

몰라. 하지만 난 암에
걸렸어.
그러니 뭔가
획기적인
변화를
도모해야 돼.

몇 달 뒤······암 덩어리 제거수술과 케모를 받은 뒤······

그래, 난 알아.
난 명상을 하고 일기를 쓰고
반성을 해야 돼······
하지만 그런 거 하고
싶지가 않아.

난 아직도 어떤 계시를
기다리고 있어.
내 병을 계기로
내 인생을
획기적으로
변화시키기
위해.

그 동안에 〈주디 판사〉를
보고 잡지를 읽을 거야.

END

Spirituality

영

성

유방암 서포트 그룹에서 많은 여자들이
영성에 대해서 말했다.

……그래서 나는 명상을
시작했고 그게 이 상황을
견디는 데 큰 힘이
되었습니다.

나도!

난 시각화
명상법
좋아해.

암 진단을 받기 전에도 나는 영적 실천을
해보려고 애를 써왔다.

매일 아침
기도를
해야지.

아니, 산책을
하면서 명상을
해야지.

영성 잡지에다
글을 써보면
어떨까.

흐음.
TV 시청을
일종의 영적
실천으로 보면
어떨까.

지금 나는 심각한 질병을 앓고 있으면서도
내적 성찰을 추구하기는커녕 정반대의
방향으로 나아가고 있다.

여보, "흥정합시다"
프로의 호스트 이름이
뭐죠? 아홉 철자.

그건 나의 교육적 배경을 생각할 때
좀 우스꽝스러웠다.

난 신학 석사
학위를 갖고
있어요. 한때는
하루에 두 번씩
기도를 올렸지요!

나는 그런 생각을 하다가 내가 순서를
바꾸어서 하고 있다는 걸 깨달았다.
젊을 때는 영적 실천을 많이 했으나 지금은
지겨워진 것이다.

이봐, 친구……
기도, 명상, 예배,
12단계 만남, 나
그거 다 해봤어.
그런데 말이야
평판처럼 그리
효과가 좋은 게
아니더라고.

물론 지금 당장은
재미있고 흥분되지.
하지만 자네의 미래를
좀 생각해 봐.
장래 어느 때
영적 깨어남이
필요하게 될 거야.
그 때를 대비하여
영적 실천을
너무 일찍
써먹지 마.

Spirituality 02

Spirituality 03

만약 내가 위의 순서대로 했더라면 암 진단이 나왔을 때 영성이 아주 유용하다는 걸 발견했을 것이다.

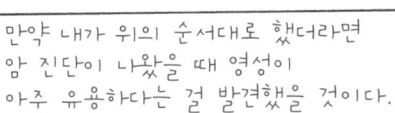

나이 43세

나쁜 소식을 전해야 할 것 같습니다. 암입니다.

놀랍! 오 마이 갓!

너무 끔찍해. 이걸 어떻게 감당하지?

아니야······ 이건 내 인생을 전환시킬 좋은 기회야. 나의 내면을 들여다보면서 정말 중요한 것을 찾아내야 할 때야.

하지만 아니었다. 시기가 너무 늦었다. 영적 실천이란 케모와 비슷했다. 이미 거쳐 온 단계로 되돌아가지는 못하는 것이다.

로저가 나를 어떻게 생각하는지는 그리 중요하지 않아.

로저? 1979년의 남자 친구? 누가 신경이나 써? 지금 생사가 걸린 문제와 씨름하고 있는데.

하지만 나는 케모 도중 계시를 받았다.

조금도 걱정하지 마라. 멋진 내세가 기다리고 있다······ 내가 그걸 보장하느니라!

아니, 그런 계시는 싫었다. 대신 이런 거······

나는 올바른 일을 하려고 늘 애써온 것이 너무 지겨워요. 난 조용히 앉아서 기도하고 명상하는 거 싫어요. 그래서 그건 하지 않을래요!

연예 주간지

TV가이드

그러다가 나는 병원에서 한 환자의 말을 듣게 되었다.

암 진단을 받았을 때 나는 요가나 명상을 하면서 영적 실천을 하려고 했어요. 그러다가 음악을 열심히 하기로 결정했어요.

Spirituality 04

그 얘기를 듣고 나는 만화 그리기를 영적 실천으로 삼아야겠다고 생각했어요. 나는 매일 카페에 가서 30분씩 만화를 그려요.

버터를 곁들인 참깨 베이글.

난 깨달음에 점점 가까이 다가가고 있다고 생각했던 그 시절에 향수가 느껴져.

하지만 그 깨달음이라는 게 평판만큼 대단한 건 아닐지도 몰라.

END

115

the cheerful tech

쾌 활 한

기 술 자

나는 아주 좋은 기분으로 방사선 치료를
시작했다.

난
케모를
끝냈어요!

거칠 것이 없었다.

자, 유방 주위에 문신 3개를
만들 겁니다. 약간의 통증을···

괜찮아요! 내가 케모를
끝냈다는 얘기를
해드렸나요?

나는 병원에 매일 가는 것도
신경 쓰지 않았다.

당신은 정말
훌륭한
기술자예요.
그리고 난 케모를
끝냈어요.

그러던 어느 날······

하이, 난 다이너예요.
그리고
이건
내 조수
'힘내라
키티예요.'

폴은
어디 있어요?

6주 동안
휴가를
떠났어요.

하지만 걱정하지 마세요.
힘내라 키티와
제가 대신 맡을
거니까요.
하느님
찬양받으소서.

117

the cheerful tech 02

매일 매일이 귀중한 선물이라는 걸 잊지 마세요. 자 당신의 미소를 보여 주세요.

손에 부착하는 인형을 가진 아주 쾌활한 실험실 기술자로부터 미소 지으라는 요청을 받는 것처럼 지겨운 일이 또 있을까. 하지만 너무 공손하여 억지로 미소 짓는다.

미소짓고 있다.

다이너가 옆에 있으면 좋은 기분을 유지하기가 어려웠다. 그녀는 음악도 재즈 대신에 종교 음악을 틀었다.

♪ 믿는 자는 천국에 가지만 반대로 안 믿는 자는···

매일 나는 침상 위에 누워 그 종교 음악을 들으면서 나를 개종시키려는 그녀의 설교를 들어야 했다.

팔의 위치를 약간 조정할게요. 하느님이 우리의 모든 기도에 응답한다는 걸 아세요?

잠시 후 나는 세속적인 질문을 던짐으로써 그녀의 설교에서 벗어나고자 했다.

당신의 애들은 몇 살이에요?

하지만 그녀는 잠시도 긴장의 끈을 놓지 않았다.

하느님께서는 6년 전에 아들을, 그리고 4년 전에 딸을 내려 주셨어요.

the cheerful tech 03

나는 다이너가 선의로 그런다는 것을 알았다. 하지만 그녀의 미소 짓는 얼굴을 볼 때마다 나는 짜증이 났다.

무엇보다도 그녀는 "패치 아담스"라는 영화를 너무 많이 본 것 같았다······

> 야 이거 멋진데. 나도 인형을 사서 환자들을 웃음으로 고쳐주어야지!

그녀 깐에는 복음을 전하기 위해 그런다는 것을 알지만 나는 일방적으로 들어주어야 하는 것이 지겨웠다.

> 오케이. 침상을 들어 올릴 때 움직이지 마세요. 남편과 나는 애들과 매일 기도를 하고······

그건 비행기에서 아주 수다스러운 남자 옆에 앉게 된 것과 비슷했다.

> 날말 맞추기에 대해서 몇 가지 조언을 해드리죠. 그건 아주 흥미로운 역사를 갖고 있습니다. 그게 언제 시작되었냐 하면······

하지만 이제는 암에 걸렸으니 내 본심을 솔직하게 말해도 좋을 듯했다.

> 다이너······ 난 당신의 종교를 존경해요. 하지만 그걸 내게 강요하지는 말아요······ 그리고 그 지겨운 인형은 좀 치워요!

하지만 실제 상황은 그렇게 벌어지지 않았다.

> 자 이제 그 찌푸린 얼굴을 버리고 미소 지으세요. 주님을 위하여

여전히 미소 짓고 있다.

END

Telemarketers

텔
레
마 케 터

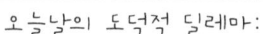

오늘날의 도덕적 딜레마:

텔레마케터를 상대로 암 얘기를 하는 것은 괜찮은가?

어떤 사람은 괜찮다고 한다.

전문가들도 의견이 엇갈린다.

그럼 이 문제에 대한 나의 입장은 무엇인가?

Compassion fatigue

형 식 적 인

동 정 심

나는 어렸을 때 누구하고도 쉽사리 대화를 틀 수가 있었다.

이 대화의 기술은 유방암 방사선 치료를 받으면서 여환자 대기실에서 아주 유용했다.

처음에 우리는 매일 아침 활발하게 수다를 떨었다.

7주가 끝나갈 무렵 우리는 상대방의 얘기를 들어주는 게 지겨워졌다.

그 무렵 나는 누구와 얘기해도 시들했다.

그러나 오래된 버릇은 잘 사라지지 않는다. 난 아무런 감정도 없었으나 닳고 닳은 포르노 배우 같은 목소리로 동정을 가장할 수 있었다.

125

Hilarious never before heard jokes

전에는

들어본 적이 없는

유쾌한

조크

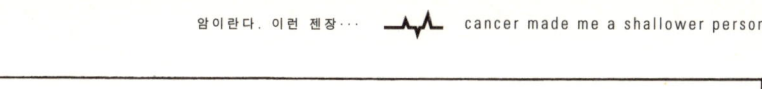

그래서 난 이렇게 말했지. "내 헤어컷?" 오, 그건 케모 덕분이야.

케모 덕분!?

껄껄

하하

난 그런 기발한 건 생각하지 못할 거야.

방사선 치료를 위한 문신? 내 것은 장미 모양으로 해주시겠어요?

전에 그런 말을 한 환자는 아무도 없었어요.

하하 하하

종 양 약 국

오오······ 아티반. 암도 약간의 특혜를 누리는군요!

공책을 꺼내서 그 말을 써놓아야겠어요.

껄껄

END

Weight

몸

무 게

암환자는 수척하다는 일반의 상식과는 달리 많은 유방암 환자들은 치료를 받으면서 몸무게가 는다.

난 유방암 환자예요.

정말로 그런 것 같군요.

나는 내게 그런 일이 벌어지리라고 생각하지 않았다. 나는 유방암 그룹의 많은 환자들과는 다르게 케모 동안에 체중이 빠졌다.

난 구역질이 나서 통 먹질 못했어요.

그래요? 난 계속 군것질을 했는데.

난 10 파운드가 늘었어요.

게다가 나는 신진대사가 원활했다.

드레싱 없이 샐러드만 조금 주세요.

크림을 담뿍 친 페투치니 알프레도.

케모를 끝내고 몇 달 후까지도 나는 날씬한 상태를 유지했다. 그러다가 어느 날 갑자기······

어머나

옷이 안 맞아.

식습관을 바꾸지 않았는데도 나는 두 달 사이에 15파운드가 늘었다.

오 마이 갓! 이게 어떻게 된 일이지?

내가 5년 동안 복용한 타목시펜 때문일까? 그 약에는 이런 경고가 들어 있었다.

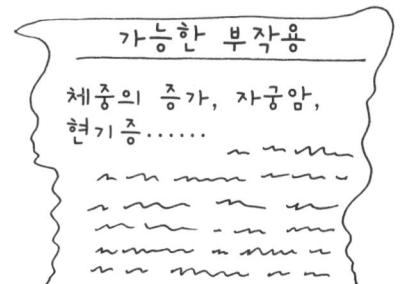

가능한 부작용

체중의 증가, 자궁암, 현기증······

Weight 02

케모 덕분에 갑자기 폐경이 되어서일까?

신진대사가 갑자기 막혀버린 것 같아.

왜 그렇게 된 거야?

원인이 무엇이었든 체중 증가는 짜증나는 일이었고 내 육체가 나를 배신했음을 생생히 보여주었다.

이거 훨씬 더 큰 사이즈 없어요?

있어요.

그녀는 16세에 허리가 오기허리이기 때문에 웃긴다고 생각한다.

이런 객관적인 증거에도 불구하고 나는 아직도 나 자신을 과거의 날씬한 사람이라고 상상한다.

SIZE 4

여러 해 전 내가 에어로빅 강좌를 들었을 때와 비슷했다. 우리는 강사의 몸동작을 보면서 따라 했다.

······ 다리를 들고 높이 차세요. 잘 하시네요!

강사를 쳐다보면서 나는 내 몸매가 그 강사와 비슷하다고 생각했다. 각각의 동작을 우아하게 소화해 내는.

이어 클래스는 4면 벽이 거울로 되어 있는 방으로 옮겨갔다.

!

오.

Weight 03

나는 이제 그 때와 비슷하게 내 외모를
부정하는 상태에 놓여 있다.

창문에 비친
저 뚱뚱한
중년의 아줌마는
누구야?

하지만 나는 완벽하게 현실을 받아들이는
법이 없다. 마음 속에서
나는 여전히 20대이다.

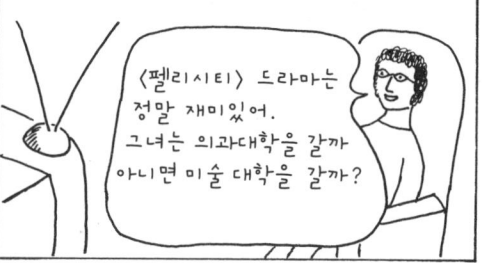

〈펠리시티〉 드라마는
정말 재미있어.
그녀는 의과대학을 갈까
아니면 미술 대학을 갈까?

나는 마음 속으로 여전히 25년 전의
여대생 그대로이다.

이 철학 강좌는
내 인생을
바꾸어 놓았어.

정말이야.

칸트

칸트

그것은 또 다른 오해의 일종일까?

이 철학
강좌는
내 인생을
바꾸어 놓았어.

정말 그럴까.

칸트

TV
가이드

다행히도
만화 그리기
덕분에 나는
내 정체성을
솔직히
털어놓을
수 있어.

5피트
이상의 신장

다른 사람들에 대하여
좋은 생각만 한다.

나는 나 자신을
가능한 한
객관적으로 묘사할
의무가 있어.

가느다란 허리. '뉴요커'를
제쳐놓고 『피플』 잡지를 선택하는
일이 없음.

END

섹

스

케모와 방사선 요법의 파괴적 효과로부터 서서히 회복하면서 나는 내게서 뭔가 빠져 있다는 것을 알았다. 그게 뭐지?

흐음······
머리카락도 새로 나고
식욕도 돌아오고
머리 회전도 그런대로
되는 것 같고······

여보.
언제 침실로 올 거야?
나 발가벗고
기다리고 있어.

안 갈 거예요.
지금 뭔가 기억해
내려 애쓰고 있고
또 심야 TV를
여러 시간 볼 거예요.

잠깐만······
그래 그거야!
나는 성욕을

그건 놀라운 일도 아니었다. 케모 때문에 갑자기 폐경이 되었고 계속 되는 투약은 그나마 남아 있는 에스트로겐을 억제했다.

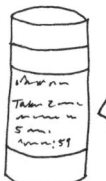

잠자기 전 2 알씩
5년을 복용할 것.
남은 알약: 59

처음에 나는 이런 상태를 기꺼이 받아들였다.

난 지금 정말
행복해.
월경 후에
찾아오는 무드
스윙도 없고······
정말 좋아!

당신의 태도는
정말 훌륭해요.

나는 영화의 로맨틱한 장면을 초연하면서도 인류학적인 관점에서 보게 되었다.

흥미롭군.
저 인류는 자기
입술을 다른 입술에
포개는 데서
쾌락을 얻는 게
분명해.

ooh...
mmm...
ahh...
slurp.

135

Sex 02

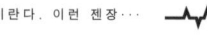

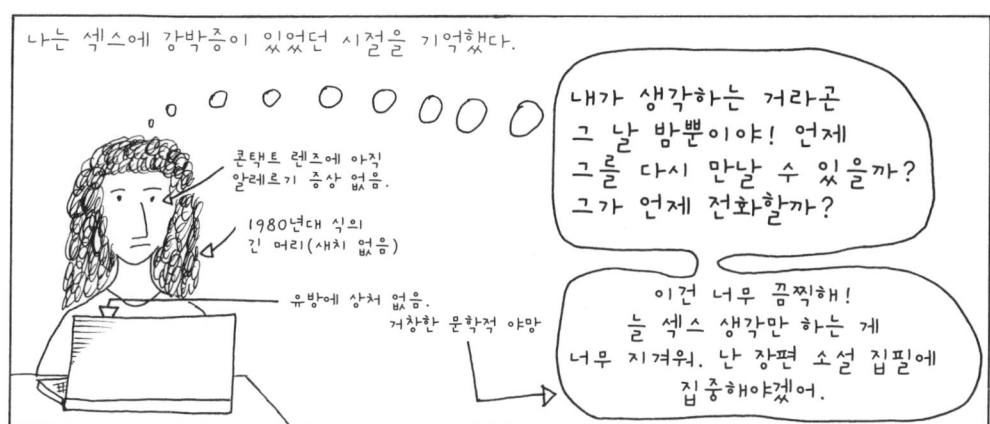

나는 섹스에 강박증이 있었던 시절을 기억했다.

콘택트 렌즈에 아직 알레르기 증상 없음.

1980년대 식의 긴 머리(새치 없음)

유방에 상처 없음. 거창한 문학적 야망

내가 생각하는 거라곤 그 날 밤뿐이야! 언제 그를 다시 만날 수 있을까? 그가 언제 전화할까?

이건 너무 끔찍해! 늘 섹스 생각만 하는 게 너무 지겨워. 난 장편 소설 집필에 집중해야겠어.

그런 치기만만한 태도를 다 내버렸으니 얼마나 잘된 일이야! 난 이제 좀더 중요한 일에 집중할 수 있게 되었어!

앞으로 할 일

1) 장편 소설을 끝낸다.

2) "전쟁과 평화"를 러시아어 원서로 읽는다.

3) 개그 우먼의 길을 추구한다.

흐음. 이런 것들은 내가 과거 한때 열렬히 꿈꾸던 것들이었지. 하지만 이제는 시들해.

그게 결국 시들해져버린다면 어떤 걸 열렬히 꿈꾼다는 것은 시시한 일이야. 아니 그런 꿈이 과연 존재하기는 한 거야?

Sex 03

그때 하와이로 놀러오라는 초청이
들어와서 이런 철학적 명상을 중단하게
되었다.

전 직장 동료. 현재는 마우이
섬에서 부동산 관리자.

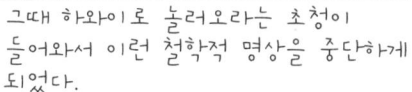

……집 주인이 네가
게스트하우스에서
머물러도 좋다고
했어.

나는 짐과 아론을 집에 놔두고 하와이에서
평화로운 일주일을 보내기 위해 출발했다.
풀장에서 수영을 하거나 아니면
풀장 옆에서 싸구려 소설을 읽는 것 이외에
내 방에서 케이블 TV를 보았다.

이제 거식증과 약물
복용을 극복했으니
당신은
저 스토커를 잡는 일에
집중할 수 있을 거야.

흐음,
이 평생의 영화라는 거
이미 본 것 같은데.

하지만 먼저 내 남편이
전처를 폭살했다는
증거를 잡아야 해요.

나는 잠시 동안 혹시 포르노 영화를 보면
나의 성욕이 돌아오는 게 아닐까 하고
생각했다. 케이블 가이드에는 성인물
채널도 있다고 하여 한번 틀어보았다.

이런 화면이
엉켜버렸네!

그래도 영화가 부분적으로 보였다.

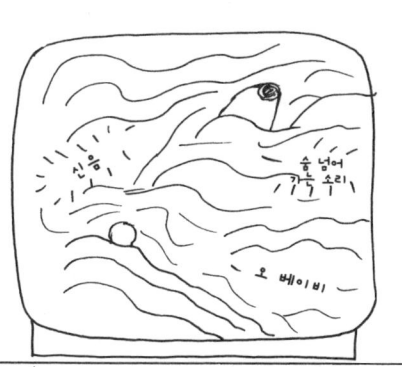

신음

술 넘어
가는 소리

오 베이비

나는 그게 간헐적으로 사람을 흥분시킨다는
것을 알았다.

야,
저 크기 좀 봐……
저건 팔뚝 크기군.

130

Sex 04

140

나는 샌프란시스코로 돌아오자 에로 비디오를 빌려보기로 했다. 동네 비디오 가게가 한가한 시간을 골라서 성인물 구역으로 들어가는 붉은 회전문을 밀고 들어갔다.

포르노 비디오가 가득한 방안에 들어간다는 것은 좀 창피했다. 특히 모든 비디오가 남성용이라서······

유방이 큰 여성과 당신

한 남자 고객이 그 방으로 들어오자 나는 황급히 그곳을 떠났다. 나는 바깥에 마련되어 있는 부드러운 에로 코너를 살펴보았다.

흐음······ 에마뉴엘!

에마뉴엘은 고전이었다. 내가 대학 다닐 때 대학 영화관에서 상영된 적이 있었다. 기숙사의 남학생들은 그걸 보고 절반쯤 멍청한 상태가 되어 돌아왔다.

정말 강렬했어.

난 너무 황홀하여 기절하는 줄 알았어.

하지만 짐과 나는 그 비디오를 보면서 곧 따분해지고 말았다. 무엇보다도 1970년식의 대화가 더빙되어 있었다.

당신은 나의 노리개도 아니고 나의 미녀도 아니오. 당신은 그냥 미녀요.

이것이······ 사랑일 수 있을까요?

······그리고 섹스 신은 막 흥미로워지려는 순간에 끝나버렸다.

섹스 신으로 빨리 포워드하자.

이게 섹스 신이야.

Sex 05

142

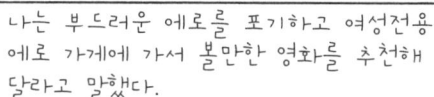

나는 부드러운 에로를 포기하고 여성전용 에로 가게에 가서 볼만한 영화를 추천해 달라고 말했다.

스트레이트, 게이, 양성애, 변태 혹은 황당무계? 질내사정 혹은 외부 질외사정? 진짜 육체 혹은 후까시한 육체?

스토리가 있는 걸 원합니까, 아니면 처음부터 끝까지 그것만 나오는 걸 원합니까?

섹시한 풍장 남자가 나오는 신(장면) 혹은 근육질의 노무자가 나오는 신?

성욕도 없고 단서도 없다.

으음······ 스토리가 있는 게 좋겠는데요.

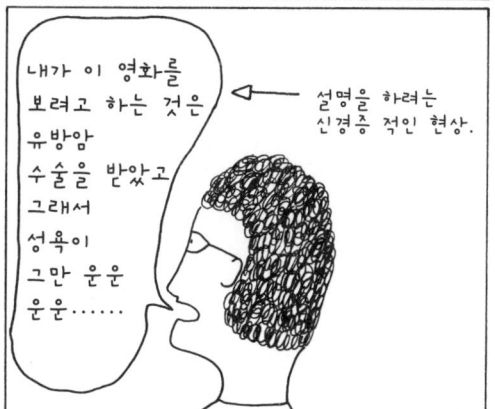

내가 이 영화를 보려고 하는 것은 유방암 수술을 받았고 그래서 성욕이 그만 운운 운운······

← 설명을 하려는 신경증적인 현상.

내가 빌려온 첫 번째 영화는 소기의 효과를 발휘했다. 하지만 일단 그 신기함이 사라지자 나는 다시 초연한 상태로 돌아갔다.

하품

이 섹스 신을 빨리 포워드해서 스토리로 돌아가자.

Sex 06

144

그 순간 이런 생각이 들었다.

내가 더 이상 섹스를 원하지 않기 때문에 이처럼 섹스를 되찾으려고 애쓰는 걸까?

사실 성욕이 없는 생활은 따분한 것이다.
모든 것이 다 밋밋해져 버린다.
그건 연애 사건의 종결부와 비슷하다.

인생과 나는 한때 화끈하게 얽혀 있었는데 이제 우리는 그냥 친구일 뿐이야.

이 관계의 시작 부분은 아주 황홀했다.
나는 인생이 내게 제공하는 아주 사소한 것에도 매혹되었다.

와우 빛!

껄껄 하하

나중에 그 관계의 불꽃을 유지하려면 더 많은 것이 필요했다.

내 인생은 따분해.
난 잘 알아!
장편 소설을 쓰고 러시아어를 배우고 개그 우먼이 되어야지.

마침내 인생과 나는 맨 밑바닥에 도달했다.

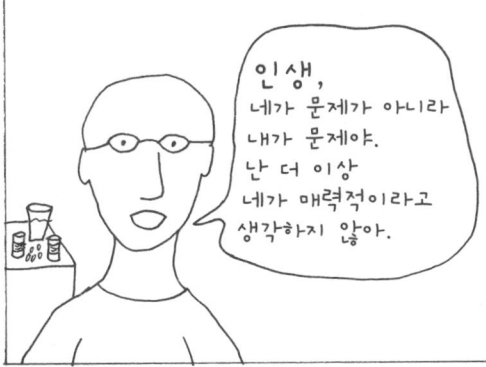

인생,
네가 문제가 아니라
내가 문제야.
난 더 이상
네가 매력적이라고
생각하지 않아.

하지만 나는 포기하지 않았다.
나는 적당한 포르노를 계속 찾고 있다.

예야, 베이비.
그 장편 소설을 써.
오 예야……
이건 무서우면서도 매혹적인 소설이네……
정말로 아주 긴……

END

Earplugs

ㄷ 귀마개

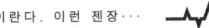

나는 평소처럼 시끄러운 콘서트의 맨 앞자리를 차지하고 앉았다.

내 귀를 보호해야지.

한숨
귀마개를 하니 음악이 선명하게 들리지 않는구나.

그렇지만 어떻게 해? 나중에 나이 들어서 귀가 나빠지면 안 되잖아.

그러다가 이런 생각이 들었다.

하지만 난 그렇게 오래 살 것 같지 않아.

난 40대 중반인데다 암을 앓고 있었다.

귀마개를 빼니 한결 분명하게 들리네!

나는 귀가 잘 안 들리게 되려면 앞으로 몇 년은 걸릴 거라고 생각했다.

와우!

Earplugs 02

오지도 않을 미래 때문에 현재를 희생시킬
필요는 없잖아.

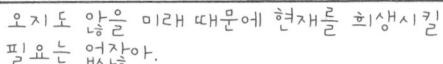

오늘 멀티 비타민
알약도 안 먹을까봐.

어릴 때 친정집에서는 건강 보존에 대하여
무척 신경을 썼다. 나의 부모님은 아마도
켄터키 주에서 건강식품을 사들인
최초의 사람일 것이다.

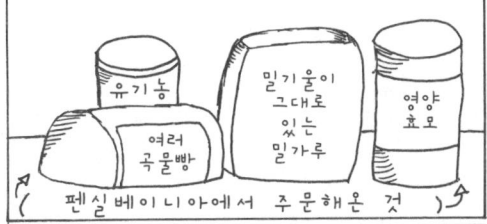

유기농

여러
곡물빵

밀기울이
그대로
있는
밀가루

영양
효모

(펜실베이니아에서 주문해온 것)

······그리고 아주 사소한 결정을 내리는
데에도 안전에 최대한 신경을 썼다.

오늘 외식을 할지
여부에 대해서
의논하기 위해
가족 회의를
소집했다.

외식의 좋은 점은
가족의 사기를
높이고 좋은 사기는
생명 연장에
기여한다.

나쁜 점은 외식하러
가는 도중에
교통사고를
만날 수 있고
또 그 음식에
콜레스트롤이
많으리라는
것이다.

오
저런!

싫어.

위험해.

149

Earplugs 03

물론 인생에서 아무리 조심해도 완벽하게 위험을 피해갈 수는 없다. 인생이라는 것이 너무나 미묘하고 예측불가한 것이기 때문이다.

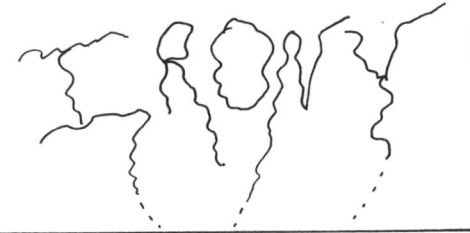

브렌단 얘기 들었어? 그가 흑색종이래?

브렌단!? 그는 밤에만 외출을 하고 45 SPF (남태평양용 초강력) 선탠 크림을 사용하는데요.

와우······ 그거 참 아이러니한데!

의료 체계는 좀 더 나은 선별 시스템을 갖추어야 한다.

흐음······ 당신은 담배도 안 피고 술도 안 마시고 유기농 식품만 먹는군요.

난 이거 마음에 들지 않아요. 특히 술을 안 마시고 절제된 생활을 한다는 당신의 가족 내력이 더욱 마음에 안 들어요.

이 소책자는 나쁜 습관에 대한 조언을 많이 알려주고 있어요.

아이러니와 당신

151

Earplugs 04

그러니 가장 좋은 방법은 무엇인가?
한 평생 조심 또 조심하면서 살아야 하는가
아니면 미리 연료대를 지불한 렌터카를
굴리듯이 몸을 마구 굴려야 하는가?

기름이 아직도
16분의 1이 남았군.
그러니 동네를 한 바퀴
더 돌아야겠는걸.

내 친구 셰리는 유방암 3기 진단을 받았을 때
후자의 방법을 선택했다.

젠장 신경 쓸 거
뭐 있어.

아주
기름진
아이스크림

당분이
많은
소스

하지만 몇 년 뒤 그녀는 갑자기 깨달았다.

와아 난 아직도
살아있네!

이제 담배를
끊어야 할까봐.

5년 조견표

이제 그녀는 10년 앞을 내다볼 수 있게
되었다.

흐음.
내 콜레스트롤
수치를 잘
관찰해야겠어.

결국 위험과 안전 사이에서 균형을 잡는 것은 하나의 커다란 도박이다.

몽땅 걸어야 할까?
저 친구는 정말
속마음을 읽기가
어려워!

END

5 EZ steps

손 쉬 운

5

단 계

암이 재발하는 것을 피하고 싶으십니까? 간단해요!

단계 1: 올바른 식단

연구 결과는 음식이 암의 위험을 낮춘다는 것을 증명했다.

이건 "오메가 지방산과 아마 씨의 즐거움" 이라는 식단입니다.

단계 2: 쾌활한 마음가짐

우울증 여자는 유방암에 걸릴 가능성이 많다.

난 너무 우울했기 때문에 암에 걸린 것 같아... 이거 정말 우울하네.

단계 3: 암 경고 표시가 걸려있는 곳을 피하라

HOSPITAL

경고

이 지역은 암을 유발하는 것으로 알려진 화학물질을 함유하고 있습니다.

어오... 병원에서는 환자 집으로 왕진 나와서 수술을 해주지는 않나?

단계 4: 물을 마시지 마라

물은 화학물질이 가득해. 우물물에는 제초제 찌꺼기가 들어 있고 생수병에는 플라스틱의 독성이 들어 있어. 그래서 나는 선인장에서 짜낸 즙만 마셔.

단계 5: 이사 가라

네바다 핵실험 장소
3마일 ⇧

내가 사는 동네는 발암물질이 가득한 게 틀림없어. 그래서 난 사막으로 이사하기로 했어!

END

Family history

가족력

나는 암 치료를 받으면서
나의 발병 사실을 잘 모르는 사람들을
만날 때가 있었다.

그러면 그들은 똑 같은 질문을 해왔다.

난 그 말을 듣는 것이 지겨워졌다.

나를 짜증나게 하는 것은 그 반복되는
질문이 아니었다. 그 질문 뒤에 숨어 있는
동기였다.

Family history 02

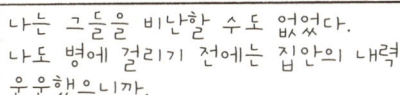

나는 그들을 비난할 수도 없었다.
나도 병에 걸리기 전에는 집안의 내력
운운했으니까.

우리 엄마가
암으로
죽었어요.

정말 안된 일이군요.
우리 집안에는 암의 내력이
없어서 정말 다행이야.

암의 유전적 측면이 언제나 뉴스에
나오는 듯하다.

암이 유전임이
증명되다.

코스모

퀴즈 :
당신은 살인
유전자를 갖고
있습니까?

암?

오늘 건강 초점은
암이 집안의 내력인가
하는 겁니다.

하지만 유방암 환자의 압도적 다수가
집안의 내력과는 상관이 없는 것으로
판명되었다.

그건 안 되었군요.
하지만 난 당신과는
다른 위험인자를 갖고
있는 듯합니다. 난 애를
늦게 낳았어요--
내 얘기가 좀
도움이 됩니까?

나는
암환자.
경위를
들어보세요.

인생의 모든 측면이 유전으로 설명될
수만 있다면······

얘기 들었어?
샐리가 자동차
추돌사고를
당했대.

알고
있니?
추돌사고는
그녀 집안의
내력이야.

그러니
걱정하지 마.
너와 나는
아주
안전해!

그러면 우리는 자기가 태어나는 집안도
골라서 태어난다고 믿는 사람이
되어버린다.

난 암의
내력이
있는 집을
선택했어.
너는?

나도
그럴까
했는데,
결국
심장병
집안을
선택했어.

END

Judgment

판단

유방암의 원인에 대해서는 많은 판단이 있다.

난 판단하는 건 아니에요! 단지 당신이 설탕을 많이 섭취한 게 아닌가 생각해요...

비난을 하자는 건 아닙니다. 그냥 생각해 본 건데 혹시 운동을 하셨나요?

······그리고 이건 틀림없는 사실이다! 유방암에 걸린 여자들은 위험스러운 생활방식을 영위해온 것이다.

거칠게 살다가 일찍 죽는다, 이게 우리의 좌우명이야!

가령 사만타를 보라. 그녀는 농산물 가게에서 무모한 선택을 했다.

크기가 두 배인데 겨우 1.99달러. 이거 정말 끝내주네!

혹은 알코올을 너무 많이 섭취하는 에이미를 보라.

그래요. 사실 그대로 시인하겠어요. 나는 매일 저녁 식사 때 와인을 한 잔 했어요.

새로운 데이터가 담긴 연구자료가 계속 나오고 있다.

액션
5
뉴스

문화 행사에 많이 참가한 여성은 유방암에 걸릴 확률이 낮다고 새 연구가 밝혔습니다.*

하지만 이런 연구 자료들은 도전적인 자세를 가진 사람에게는 아무 소용이 없다.

고향악단 연주에 가자고? 아니, 난 집에 있으면서 비유기농 딸기를 먹을 거야.

* 실제 연구 결과

Judgment 02

친구나 친지들도 가끔 그들의 의견을
제시한다.

내 친구의 사돈의
팔촌은 생식을 했더니
그만 암 세포가
싹 사라졌다는 거야!

하지만 자기 파괴에 몰두하는 사람에게
그 생활 방식을 바꾸라고 강요할 수는 없다.

생식 다이어트를
한번 해보지 그래?

아니.

관련 규칙이 빤히 나와 있는데도
그 사람은 그렇게 하지 않는 것이다.

당신이 해야 할 일이라고는
몇 가지 간단한 추천사항을
실천하는 것뿐입니다.

1 - 저지방 식단을 운용하라.

2 - 하얀 밀가루를 먹지 마라.

3 - 일주일에 세 번 운동을 하라.

4 - 유기농 식품만
구매하라.

5 - 오메가-3
지방산을 먹어라.

6 - 녹차를 마셔라.

7 - 야간 근무를 하지
마라.

8 - 설탕 대신
B급(A급이 아님)
단풍 당밀을 사용하라.

9 - 두부를 많이 먹어라.

10 - 어떤 두부도 먹지 마라.

11 - ER 음성 종양에 폐경이
되었다면 두부를 먹어도
되지만 그렇지 않다면…

12 - 낙관적 마음가짐을 가져라.

13 - 아이를 일찍
낳아라.

14 - 월경을 늦게
시작하라.

15 - 알코올을
자제하라.

16 - 검은 색깔의
채소를 먹어라.

17 - 불에 그을린
고기는 먹지 마라.

18 - 아이 때 모유를
수유하라.

Life as movie

영화
같은
인생

최근 들어 건강 관련 얘기는 나를 긴장하게 만든다.

난 늘 고통을 최소화하려고 애쓴다……

그러나 그 후 나는 주인공이 지나가는 통증을 아무렇지도 않게 말하는 영화의 장면들을 생각한다.

Life as movie 02

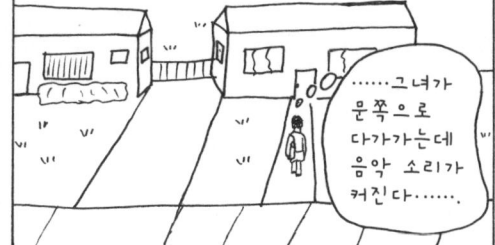

Life as movie 03

......뭔가 멋진 일이 벌어질지 몰라. 그녀가 문을 여니......

갔다 왔니! 네 간식거리로 치즈 크래커 사왔다. 냉장고에 있어.

한숨

그러나 가끔씩 인생은 영화와 방불한 순간을 제공한다.

암이라고요?!

왜 나야? 난 죽기에는 너무 젊어!

이건 너무 상투적인데!

훌쩍 훌쩍

흑흑

요사이 내가 몸의 증상을 말할 때면 그게 평소보다 더 큰 무게로 다가온다.

통증 PAIN PAIN PAIN 통증 통증

......지나가는 통증......

그것은 그 후 여러 달 동안 나를 따라다녔다.

PAIN PAIN

오늘은 기분이 어때요?

괜찮아요.

생각뿐이지만.

169

Life as movie 04

나는 아직도 촬영 카메라가 내 머리 위에서 돌아가고 있다고 상상한다.
하지만 이번에는 인생이 예술을 모방하지 않기를 바란다.

The undead

아 직

죽 지 않 은

사 람

이틀 전 나는 식료품 가게에서
아는 사람을 만났다.

미리엄?!

?!

그래,
모든 게……

오케이??!

돈은 친구의 친구였다. 그를 지난번에
만났을 때 나는 케모를 받고 있었다.

와우 멋진 푸른색
머리카락이네요!

가발이에요.
암에 걸렸어요.

오……
정말 안 되었군요.

그녀의 가슴
부위를 보지 마.

지난 번 그가 놀라워했던 표정은
이번에 비하면 가벼운 것이었다……

오
마이 갓……
당신은
아직도
살아 있군요!

물론 그가 그런 말을 입 밖에 낸 것은
아니었다. 하지만 그의 태도가 그걸
말해주고 있었다. 그를 만나기 전만 해도
나는 평범한 하루를 보내고 있었다……

흐음.
지방 없는 혹은
저지방의
치즈를 살까?

The undead 02

······그러다가 갑자기 나는 졸지에
아직 죽지 않은 사람이 된 것이었다.

암에 걸리고 나면 의례적인 인사말도
예전처럼 들리지 않는다.

때때로 나는 그런 질문을 받아줄 기분이
아니다. 그래서 그 속뜻을 알아차리지 못한
체한다.

하지만 어떤 때는 좀 더 솔직하게
대답한다.

우리는 돌발 뉴스
때문에 이 만화를 잠시
중단합니다······

의사를 만나는 정기 검진일 하루 전,
나는 침착하게 이 만화를 그리고 있었다.

The undead 03

소위 정기 검진은 림프 절에 덩어리가 있는 것을 밝혀냈다.

흐—음

결코 좋은 징조가 아님.

나는 이번에는 좀 다르게 일 처리를 하려고 마음먹었다. 조직 검사 결과가 나오는 목요일에 출근하지 않기로 했다.

이번에 직장에 나가지 않으면 아마도 암이 아닐 거야!

하지만 병원에서 하루 전에 전화가 걸려왔다.

실험실을 독촉하여 결과를 빨리 내놓으라고 했어요……

오……감사합니다.

물론 나쁜 뉴스였다.

이런! 나는 직장에서 울고 있네.

또 다시!

이런 결과가 나온 것은 자업자득일까? 며칠 전 나는 직장에서 동료 수와 농담을 했다.

내일 의사와 면담이야.

뭐가 잘못 되었어?

아니. 난 괜찮아. 내가 거부의 단계에 있는 게 아니라면. 하, 하.

그리고 조직검사 결과를 기다리는 동안 나는 모두에게 말했다.

만약 암이라면 이번엔 케이블 TV를 설치할 거야. 하, 하.

The undead 04

텔레비전 앞에서 한 자리 꿰차고 싶은
심정이 암의 재발을 가져오는 걸까?

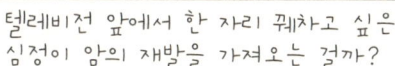

그렇게 자리를 차지하고 싶어?
내가 너에게 영구한 자리를
하나 주지
하 하 하 하 하 하
하 하 하 하 하 하 하 하 하 하

아무튼 암으로 판명나자 나는 유료
TV 선택사항을 알아보기 위해 인터넷에
들어갔다.

흐음,
케이블 혹은 위성?

유방암 재발은
구글하지 마······
구글하지 마······

이어 나는 TV 가이드를 펴들고 케이블에
어떤 드라마가 있는지 살펴보았다.

방영 예고
160 파운드
종양

진짜 처음으로
올라온 쇼.

하지만 막상 케이블 TV를 켰을 때 내가
보고 싶은 것은 〈유명인사 포커 게임〉
이었다.

유명인사가 포커
게임을 한단 말이지······
야, 이거처럼 좋은
프로가 있을까?

한편 내 여동생의 남자 친구가 깜짝 선물을
들고 나타났다.

이거 그랜 투리스
No.3인데 마음에
드실 겁니다.
어떻게 하는 건지
알려드리죠.

PS2

그 다음 날 아침 아론은 학교에서
예전 담임선생에게 달려갔다.

어떤 일이 벌어졌는지 알아요?!
엄마가 유방암 재발했다고
플레이스테이션 들여놨어요!

당황   난처

END

A potpourri of scans

각 종

스 캐 닝

검 사

유방암 공동체는 두 그룹으로
나뉘어진다.

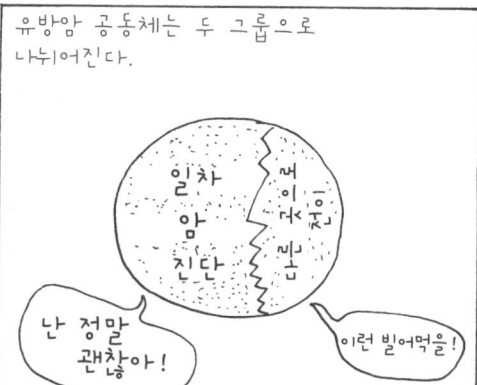

종양 의사와 나는 림프절의 암이
국지성 재발이고 다른 기관으로의 전이가
아니기를 빌었다.

전이란 암 세포가 다른 기관에 옮겨간 것을
말하며 이것은 생명이 위협받는 상황이다.

첫 번째 과정은 CT 스캔이었다.
가장 어려운 부분은 팔이 3개 달린 가운을
입는 것이었다.

내가 그 가운을 입는 데 성공하자
기술자는 나를 기계 위에다 위치시켰다.
나는 눈 높이에 있는 경고 표시를 보지
않을 도리가 없었다.

기계가 나를 앞뒤로 움직이자 내 눈은
계속 그 터진 구멍을 응시하게 되었다.

A potpourri of scans 02

186

CT 스캔 후에 나는 눈이 걱정되었다.

팔이 3개 달린 가운을 입는 방법.

어쩌면 레이저 빔이 내 시력을 회복시켜 줄지도 몰라.

이어 골수 스캔으로 나아갔는데 거기서 짐과 나는 무서운 소식을 들었다.

!

허걱

뼈에도 퍼졌 는데요.

며칠 뒤 나는 최초의 두뇌 MRI를 받았다.

당신은 불규칙한 간격으로 커다란 소리를 듣게 될 겁니다.

나는 MRI가 정말 의료 기구인지 의심이 들었다.

붕붕 빙빙

붕붕 빙빙

찰칵 찰칵

딩동 딩동

나는 몬티 파이돈 팀이 통제실에서 음향 효과를 내는 듯한 느낌이었다.

찰칵 찰칵

펄떡 펄떡

붕붕 빙빙

감사합니다. 이제 제 방에 가서 의료 보고서를 작성하겠습니다.

A potpourri of scans 03

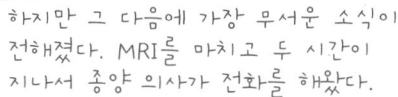

하지만 그 다음에 가장 무서운 소식이
전해졌다. MRI를 마치고 두 시간이
지나서 종양 의사가 전화를 해왔다.

나는 남들이 해주는 위로의 말이
역겨워졌다.

물론 암스트롱의 놀라운 투병 스토리에
감동을 받지 않았다는 얘기는 아니다.
하지만 유방암은 고환암하고는
다른 것이었다.

나는 점점 더 범위가 작은 그룹에 들어갔고
그게 정말 싫었다.

나는 이런 표지판을 들고 다닐 생각도 했다.

하지만 나는 아직도 뇌 전이는 되지 않았을
거라고 실 낱 같은 희망을 가지고 있었다.

END

Infomercial

인포머셜

현재의 내 인생을 어떻게 묘사할 수 있을까? 그건 인포머셜*과 비슷하다.

지금 전화하면 이 CT 스캔은 당신의 것입니다!

간과 그리고 폐에 암세포가 있는 것으로 드러났습니다!

······하지만 잠깐만 정보가 더 있습니다! 30분 후에 전화하시면 방금 발견한 골수 전이에 대해서 말씀드리겠습니다!

하지만 그게 전부가 아닙니다. 방금 MRI를 한번 찍었는데 두뇌 전이도 있을 것 같습니다!

와우! 다음에는 어떤 새롭고 멋진 전이에 대해서 말해줄까?!

어쩌면 저들은 스테이크 자르는 칼도 함께 끼워주는 게 아닐까!

* 인포메이션(정보)과 코머셜(광고)의 합성어.

197

Infomercial 02

하지만 인포머셜은 나의 현재 상황을 묘사하기에는 턱없이 시시한 비유였다······

저런 어리석은 대중문화 현상에다 비유하기에는 내 상황이 너무 비극적이야.

이건 뭐와 비슷할까······ 뭐와······

그래 건물이 막 붕괴하는 참사 영화와 비슷해.

노오오!!

내 친구 셰리는 다른 견해를 갖고 있었다.

아니······

그건 금주의 영화와 더 비슷해!

뭐라고? 금주의 영화?!

지금 전화 하세요. 우리는 PET 스캔도 함께 해줍니다. 그리고 추가로 최대 히트 디스코 곡도 끼워드리지요! 그리고 또 있습니다.

END

Valium in the workplace

직장에서
바리움 *

* 신경안정제

암이 다른 데로 전이되었다는 사실을 알고 나서 직장 동료들을 만나기가 두려웠다.

회사에 가서 내 만화를 가져와야겠어.

함께 가줄게!

먼저 나는 사장에게 이메일을 보내어 통지했다.

내 암은 전이되었습니다.
내일 회사에 들려 개인 사물을
가지고 오려 합니다. 동료들에게
알려주세요. 하지만 내가
그 얘기는 정말 하기 싫어한다는
것을 동료들에게 말해주세요.

미리엄 나를-건드리지-마 엥겔버그

나는 오전에 여동생과 함께 시내로 나갔다.

오 이런,
숨이 가빠오는데.
바리움을
한 알
먹어야겠어.

나도.

우리가 회사에 도착할 무렵 바리움이
약효를 발휘하기 시작했다.

하이!!

안녕!

으음, 하이,
내 커피 어디다
두었더라?

오
헬로···

나는 내 책상에서 가능한 한 빨리 만화를
수거했다.

흐음,
내가
이메일에서
약간 세게
나갔나.

706 MISSION

회사 갔다
온 건은
잘 되었지?

그런것 같아!

END

101

Stiff upper lip

침착하고

냉정한

사람

가끔 나는 내 컨디션에 대하여 기분이 좋아질 때가 있다. 이럴 때를 이용하여 친구들에게 전화를 걸었다.

하이!
네게
알려주려고
전화했어. 난 암이
전이 되었어.
하지만 괜찮아.
정말이야!

이런 전화 때문에 친구들은 나의 성격을 오해하게 되었다······

와우,
미리엄은 놀라워.
정말 용감해.

정말
감동 받았어.

처음에는 내가 용감한 사람처럼 보이는 순간들도 있었다.

많은 여자들이
골수 전이된
상태에서도
암을 이겨냈어.
나도 이겨낼
수 있어!

하지만 그보다 더 무서운 소식이 당도하자······

두뇌
전이?!!
두뇌에
전체적으로
방사선
치료?!
기억 상실?!!!!

나는 1970년대에 우간다에 억류되었던 영국 기자의 인터뷰가 자꾸 생각났다.

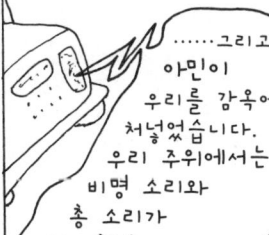

······그리고는
아민이
우리를 감옥에
처넣었습니다.
우리 주위에서는
비명 소리와
총 소리가
낭자했습니다.

나와 내 친구는
공책을 이빨로 씹어서
체스 말[馬]을 만들었고
이어 논스톱으로 체스
게임을 했습니다.
우리는 사흘 뒤에
풀려났습니다.
정말 잘 되었지요?

197

Stiff upper lip 02

역경을 대하는 나의 접근 방법은
약간 달랐다.

뭐라고?
1마일을 더 걸어가야 한다고?
그리고 캠핑 부지에는
화장실이 없다고?
이건 정말 참을 수 없어!

미래를 전혀 생각하지 않고 현재
이 순간을 살아가려면 특별한 재능이
있어야 한다.

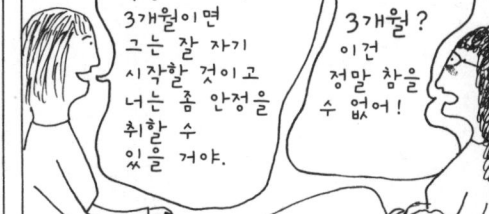

걱정하지 마.
3개월이면
그는 잘 자기
시작할 것이고
너는 좀 안정을
취할 수
있을 거야.

3개월?
이건
정말 참을
수 없어!

와 와 와

하지만 이 방법이 저 방법보다 더 낫다고
말할 자 누구인가? 그의 방법은······

이봐,
올드 보이,
내가
장군 쳐서
자네가
졌네.

새 공책을
꺼내 씹어서
장기
말을
또
만드는 건
어때?

······혹은 내 방법은?

이봐,
올드 걸,
내가
장군 쳐서
자네가 졌네.

우린
결국
모두
죽을
거예요!
아아아!

아무튼 암은
정말 다른
게임이에요.
나는 침착하고
냉정한 사람이
이 게임을
다루어주었으면
좋겠어요!

약이 다
들어가는데
한 시간이 걸린다고?
좋아,
잘 되었군.
체스 한 게임
할 사람?

END

New revelation

새 로 운

계 시

어린 시절부터 나는 인생이란 채워 넣어야 할 빈 시간의 덩어리라고 생각해 왔다.

강박적인 야망 사이를 시계 추처럼 오갔다.

나의 인생은 완전히 바뀌었다.

나는 서핑을 하지는 않았지만 서핑 영화를 많이 보았고, 내가 좋아하는 일을 발견했고, 컨트리 음악을 발견했으며, 만화를 그리기 시작했다.

나는 우울한 권태와······

그러다가 30대에 들어와 하나의 계시를 받게 되었다.

4기 암에 걸린 지금 나는 새로운 계시를 받을 준비가 되어 있다.

Paul's visualization

폴 의

시 각 화

나는 불안감을 다스리기 위해 시각화 그룹의
모임에 참석했다.

자 과거를
기억하세요.
판단은 하지
마시고, 당신은
시각화 과정에서
실패할 수가
없습니다.

사실이 아님

햇빛 화창한
아름다운
날입니다.
자갈이 깔린
산속의 오솔길을
걸어가고 있다고
상상하십시오.

햇빛이
너무 뜨거워.
난 벌써
지쳤어.

바스락
바스락

당신 앞에는
거대한 바위가
있습니다.
당신은 그 바위
안으로 들어가
조상에게로
인도하는 계단을
올라갑니다.
당신은 조상과
함께 점심을 먹고
그들은 당신에게
선물을 건넵니다.

그들은 내게
어떤 선물을 줄까?
빨리, 뭔가
심오하고
상징적인
것을
생각해 봐.
아아······
시간이 자꾸
없어지고
있어······

자 완료가
되었으면
눈을 뜨고
현재로
돌아오십시오.

딩동

Paul's visualization 02

나의 친구 폴과 게일은 나를 돕기 위해 함께 따라왔었다. 폴이 발언했다.

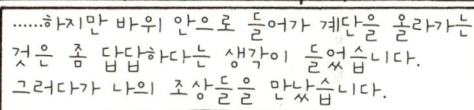
······하지만 바위 안으로 들어가 계단을 올라가는 것은 좀 답답하다는 생각이 들었습니다. 그러다가 나의 조상들을 만났습니다.

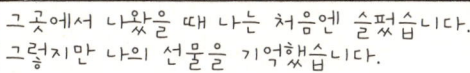
그곳에서 나왔을 때 나는 처음엔 슬펐습니다. 그렇지만 나의 선물을 기억했습니다.

The ultimate hypnotherapy

최 후 의

최 면

치 료

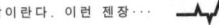

나는 최면 치료를 받기로 했다.

그건 나의 구역질과 불안감을 많이 덜어줄 수 있을 거야.

그러다가 나는 더 큰 야망을 갖게 되었다·······.

내가 암환자라는 사실을 아예 잊게 해주는 최면 치료는 없을까?!

하지만 그건 좀 문제가 있었다·······.

이봐요, 내가 왜 MRI 기계 속으로 밀려들어가는 거지요? 여보세요?

END

Brain radiation

두뇌

방사선

짐과 나는 변화에 능숙하지 못하다. 우리 부부는 아이를 낳고서도 여전히 원룸에서 살았다.

내년 타령하다가 8년이 흘러갔다. 침실 바로 옆에 붙어 있는 걸어서 들어가는 옷장을 아론의 "방"으로 대신 사용했다. 그 안에는 움직일 공간이 별로 없었기 때문에 시트를 갈거나 침대 밑 청소가 어려웠다.

그러나 이사를 생각할 때마다······

그래서 우리는 이사를 미루며 좋은 시기를 엿보고 있었다.

우리는 월요일 방 두 개짜리 집을 계약했다.

Brain radiation 02

수요일에 나는 방사선 치료를 시작했다······

내 환자 여기 와 있나?

바로 뒤에 계신데요.

최송합니다. 사진과 달라서 알아보지 못했습니다.

사진?

내 사진 찍은 사람 없는데요.

2년 전에 찍었습니다.

2년 전?

여기 유방 방사선 치료를 할 때 찍은 사진을 보십시오.

Brain radiation 03

이번에 병원에서는 내 얼굴이 나오는
또 다른 사진을 찍었다.
하지만 나는 너무 우울해서 웃지 못했다.

웃음이 사라진 사람은 나뿐만이 아니었다.
그곳의 기술자 중 한 사람이 다이너였다.
유방 방사선 치료를 받을 때 아주
맹렬하게 선교를 하던 여자였다.
하지만 이번에는 그녀 또한 우울해 보였다.

두뇌 방사선 치료를 받는 환자와
일하다 보니 사기가 떨어진 것 같았다.
나는 옛날의 다이너가 그리웠다.

첫 방사선 치료를 받은 다음 날
나는 심한 구역질을 느끼면서 잠에서 깼다.
나의 담당 의사는 충격을 받았다.

나만 중뿔나게 다른 사람인 것 같은
느낌이 들었다. 그러나 짐은 두뇌 방사선
대기실에는 구역질에 관한 정보가
가득하다는 것을 알게 되었다.

나는 날마다 방사선 치료를 받고 오면
전보다 더 상태가 나빠졌다.
그리고 그 와중에 우리는 짐을 싸서
이사를 해야 되었다.

* 항우울제

Brain radiation 04

남편, 여동생, 다정한 친구들이 짐을 싸는 동안 나는 대부분 침대에 누워 있었다.

> 인생의 의미가 뭐야?

> 오.
> 그 만화책들 같은 박스에 좀 넣어주겠어?

평소 같으면 이사할 때 나는 적극적으로 뛰어들었다.

> 정말 같이 싸고 싶지만 허리도 아프고 모든 게 시원치 않아서······ TV는 맨 마지막까지 좀 놔둬.

부엌

잡동사니　책들

아무튼 우리는 마침내 이사를 했다! 아론은 진짜 방을 갖게 되었다.

> 엄마, 왜 내 방이 옷장 안에 있지 않은 거야?

짐과 나는 침실 창문으로 금문교 공원을 흔히 볼 수가 있었다.

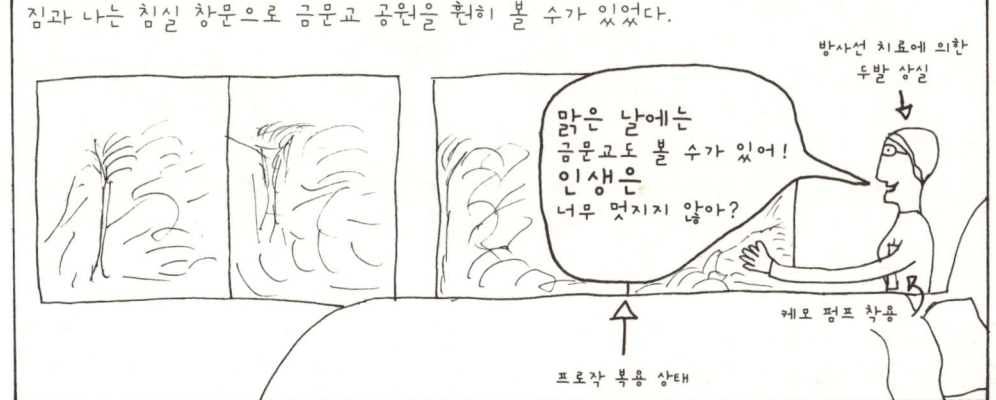

> 맑은 날에는 금문교도 볼 수가 있어! 인생은 너무 멋지지 않아?

방사선 치료에 의한 두발 상실

프로작 복용 상태

케모 펌프 착용

END

Hit by bus

버스에

치이다

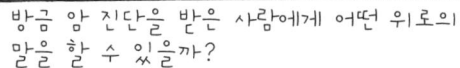

방금 암 진단을 받은 사람에게 어떤 위로의 말을 할 수 있을까?

우리는 모두 언젠가는 죽습니다!

사람의 목숨은 하늘에 달린 거예요.

하지만 가장 널리 사용되는 말은 이런 것이다.

…아무튼 누구나 오늘 당장 버스에 치일 수 있는 거지요!

내 친구 폴은 이 말의 문제점을 내게 지적해 주었다.

왜 하필이면 버스지?

그래, 정말 그러네.

깔깔깔 깔깔깔

그러다가 옛날 생각이 갑자기 났다. 나는 실제로 버스에 치인 적이 있었다.

농담이겠지!

아니 정말이야.

약 15년 전 어느 비오는 날 밤이었다.

오, 저기 22번 버스가 오는구나! 저걸 놓치면 이 빗속에 또 반 시간 정도를 갇혀 있어야 해!

213

Hit by bus 02

214

나는 그게 누구의 잘못인지 알지 못했다. 버스 운전사가 신호를 무시했거나 빨간 불이 파란 불로 바뀌는 순간 내가 버스 앞으로 달려간 것이었다……

나는 버스에 치여 땅에 쓰러졌고 순간 움직일 수가 없었다. 운전사는 재빨리 버스에서 내려 나에게 달려왔다.

놀랍게도 나는 멀쩡했다. 찰과상이나 타박상을 전혀 입지 않았고, 버스에 치인 일이 아예 없었던 것 같았다.

하지만 뭔가 엉뚱한 힘이 작용하는 것 같았다. 공포 영화에서 보면 주인공이 우연하게 죽음을 피하는데 그와 비슷한 상황이었다.

물론 나는 15년 전에 죽지 않은 것을 고맙게 생각한다. 그랬더라면 지금의 이 마음 고생과 구역질은 면할 수도 있었겠지만.

Hypochondria or intuition?

건 강 염 려 증 과

예 리 한

직 관

순전히 나의 직관 덕분에 최초의 암진단을 받게 되었다.

여보, 어떤 때 가슴에 뭔가 느껴지고 어떤 땐 느껴지지 않아.

어서 병원 가서 체크를 받아봐.

외과의사는 아무 것도 발견하지 못했다.

덩어리가 만져지지 않는데요. 하지만 유방암 X선 사진을 찍을 때가 곧 다가오니 이참에 찍고 가시죠.

휴!

나는 늘 건강을 염려해 왔고 그런 걱정은 늘 쓸데없는 것으로 판명되었다.

난 타고난 근심 걱정꾼이야!

하지만 이상하게도 유방 X선 사진은 내가 걱정하던 바로 그 지점에서 종양을 발견했어. 기분이 참 묘하대!

과거에 쓸데없는 것으로 판명 난 건강염려증은 어떻게 된 것인가?

막연한 불안.

난 이번 주에 두 번 두통이 왔어.

발가락이 따뜻한데. 이건 나쁜 신호일까?

목구멍이 너무 따가워.

내 팔에 난 건 혹시 흑색종이 아닐까?

다행스럽게도 나의 직관은 들쭉날쭉한 것으로 판명 났다.

난 오늘 기분이 좋아! 아무 나쁜 일도 벌어지지 않을 거야.

오전 11시 15분. 의사는 재발된 암을 발견했다.

END

Survivor

생존자

일단 암에 걸리면 그 사람은 자기 자신을
생존자라고 부를 수 있다.

하지만 나의 서포트 그룹 구성원들은
의문을 갖고 있다. 과연 언제부터 자신을
생존자라고 불러야 하는 것인가?

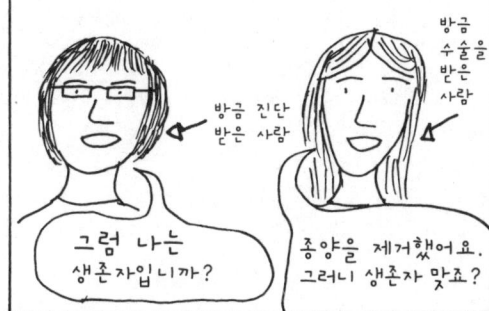

하지만 암이 전이되었다면······
그 경우에도 생존자라고 할 수 있을까?

사실 나는 그 말을 쓰고 싶지 않았다.
그건 실제로 무슨 의미인가?
사실의 진술인가?

또는 도덕적 진술인가?

아무튼 "생존자"라는 말을 더 이상
사용하지 말아야 한다고 본다.

END

219

Family melancholy

가족

우울증

나의 가족은 언제나 유머 감각이 훌륭했다.

그래서 뒷줄에 앉아 있던 친구는 "치즈를 만드는 자는 복 받을지어다*"라고 들었다는 거야.

하 하 하 하 하 하
하
하

동시에 우리는 멜랑콜리의 집단이었다. 모든 좋은 일은 언젠가 끝이 난다는 것을 늘 의식하고 있었다.

엄마······ 왜 그렇게 슬퍼? 우린 지금 휴가와 있잖아.

휴가래도 열흘 만에 끝나버려.

내 인생은 두 시기가 번갈아 찾아드는 듯하다.

하나는 멜랑콜리를 느끼는 즐거운 때이고······ 무대 바로 앞에 앉을 수 있다니 꿈만 같애!! 이건 내 인생의 하이라이트 중 하나야!

하지만 나는 결국 죽을 거고, 이런 것은 아무 의미도 없게 될 거야.

한숨

다른 하나는 멜랑콜리를 느끼는 즐겁지 못한 때이다.

난 시험지 점수 매기는 거 너무 싫어. 인생에는 이런 일밖에 없나? 이러다가 죽는 거야?

한숨

나는 여러 모로 죽음과 화해하기 위하여 애를 썼다.

난 그거 이해하지 못하겠어요! 왜 결국 죽고 마는 생명체를 창조하는 거지요?

그럼 당신은 하느님이 생명을 탄생시킬 때마다 놀라고 있다는 얘기예요? 젠장, 또 다시 죽고 말 생명을 탄생시켰군, 이러면서.

* 마음이 가난한 자는 복 받을지어다의 패러디

221

Family melancholy 02

바로
그거예요!

나는 다른 사람의 종교관을 알아내려고 애썼다.

죽은 오빠의 영혼을 느낀다는 그 말 좀 자세히 해 주세요.

잠깐⋯ ⋯ 당신은 내세에 대한 나의 믿음을 시험 하려고 그러는 거지요?

하지만 대부분의 경우 나는 "회피"라는 방법을 사용했다.

어 오⋯ ⋯ 죽음의 생각이 또 몰려오는구나. 재빨리 자물쇠를 잠궈야지!

내가 명상에 몰두하던 시절, 나는 오크랜드의 51번 버스 안에서 "아 하!"하고 깨달음을 얻었다.

일단 우리가 창조되면 그 어떤 것도 우리의 본질을 파고하지 못한다.

와우!

그 후 여러 해에 걸쳐 나는 그 깨달음에 대하여 종종 언급했다.

그래서 그 51번 버스를 타고 가다가 이런 깨달음을 얻었어요. 그 어떤 것도 우리의 본질을 파고하지 못한다. 이거 멋지지 않아?!

노트: 개인의 "아 하!" 체험은 남들에게는 아주 따분한 이야기이다.

어허. 하품.

믿고 매달릴 수 있는 위로의 대상을 갖고 있는 건 좋은 일이다. 특히 어려운 시기일수록.

난 두려움을 느낄 때마다 내 바로 곁에 있는 하느님을 상상해.

난 인간의 본질에 대한 추상적 통찰을 떠올려.

한숨

END

How old is old enough?

얼마나

나이 들어야

정말

늙은

것 인가?

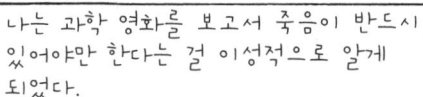

나는 과학 영화를 보고서 죽음이 반드시
있어야만 한다는 걸 이성적으로 알게
되었다.

지구는 일정 수의
사람들만을 먹여
살릴 수가 있어!
죽음이 없다면
사람들을 솎아내기 위해
야만적인 살해 의식을
치러야 할 거야.

······그렇지만 나는 죽음이 언제나
비극이라는 생각을 떨칠 수가 없었다.

정말로?
아무리 나이
들어도?

글쎄···

90세는 어때?
90에도
죽음은
비극이야?

흐음···

90세!
정말
많은 나이인데.
그 정도
나이면
죽음과
화해가 되지
않을까?

그때 서포트 그룹에 갔던 일이 생각났다.
그 날 새 멤버가 나타났다.

난 92세인데
유방암에 걸렸다는
것을 방금
발견했어요.

왜 이런 일이
내게 벌어졌는지
정말 이해가
되지 않아요!

END

225

You look good

얼 굴 이

좋 아

보 여 요

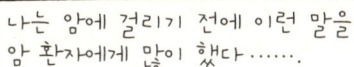

나는 암에 걸리기 전에 이런 말을
암 환자에게 많이 했다······.

> 헬렌!
> 어떻게
> 지내요?
> 얼굴이
> 좋아
> 보여요.

> 감사합니다.

그러나 이제는 그런 말을 듣기가 싫다.
특히 내가 잘 모르는 사람한테서.

> 미리엄!
> 어떻게
> 지내요?
> 얼굴이
> 좋아
> 보여요.

왜 그 말이 나를 그렇게 심란하게 하는가?
그게 공연한 말이라고 생각되기 때문이다.

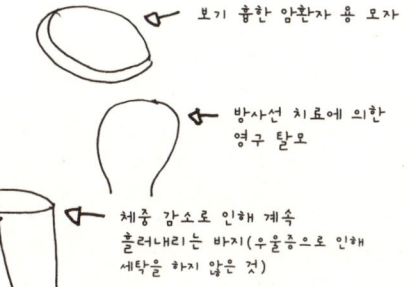

보기 흉한 암환자 용 모자

방사선 치료에 의한
영구 탈모

체중 감소로 인해 계속
흘러내리는 바지(우울증으로 인해
세탁을 하지 않은 것)

하지만 그 모든 것이 상대적이다.
온 몸에 종양이 울퉁불퉁 튀어나와 보이는
경우도 있다.

그럴 때 적절한 반응은 무엇일까?

> 오 마이 갓!

하지만 당신은 공손함이 언제나
우선이라고 생각한다.

> 어머,
> 얼굴이
> 좋아
> 보여요.

END

The cancer channel

암

전 용

채 널

케모를 처음 받던 어느 날 나는 소파에 누워 TV로 경찰 드라마를 보고 있었다. 형사가 살인 의사를 추적하는 내용이었다.

아하, 이 살인자가 환자 리스트 순서대로 범행을 저지르고 있군! 빨리--브로든 레인 126 C의 집으로 가보자!

브로든 레인에서 경찰은 문을 발로 걷어차면서 그 안으로 들어갔고 소파에 누워 TV를 보고 있는 대머리 여인을 발견했다.

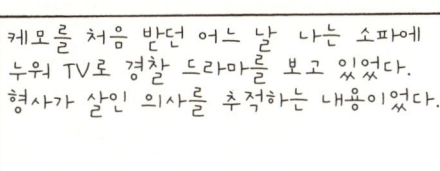

정지, 경찰이다!

그 의사는 살인을 한 게 아니라 중환자의 자살을 돕고 있었다.

그래서 나는 저 불쌍한 암 환자의 생명을 구했어. 하지만 내가 정말 저 환자를 도와준 걸까?

오 제발!

나는 우리 집 문을 걷어차고 들어오는 형사를 상상했다.

오 아니야...... 차라리 죽어버리는 게 나은 또 다른 암 환자로군.

잠깐만! 당신이 무슨 생각을 하는지 모르지만 나는 그냥 TV를 보는 대머리 여인일 뿐이에요!

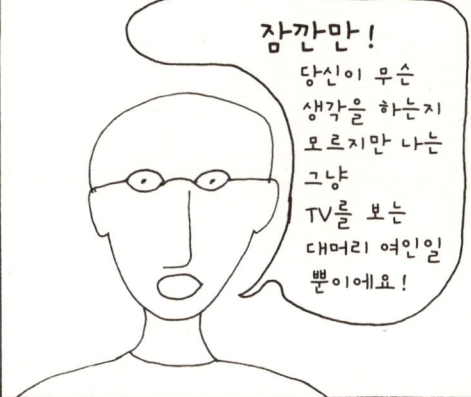

The cancer channel o?

하지만 당신은 암 환자 맞죠?

예.

나는 수사를 종결합니다.

눈썹이 없고 대머리이면 곧 바로 "암 환자"로 인식되는 것은 참으로 불운한 일이다.

아 불쌍한 사람. 얼마나 되었어요?

또 저 말!

천식

심장병

신장 질환

그래서 이런 채널을 만들면 어떨까?

암 전용 채널
〈우리의 쇼는 나날이
늘어나고 있습니다.〉

TCC

이 채널은 무한한 가능성을 갖고 있다.

네팔에 있는 이 나무 가지는 헤르셉틴 주사액을 걸어두기가 딱 좋아요!*

가령 여행 드라마도 만들 수 있다.

논쟁적 주제를 다룬 민감한 드라마도 만들어 볼 수 있다.

머리털이 그대로 붙어 있다고 해서 비非전이 환자로 통할 권리는 없어요!

방향족 억제제가 탈모를 가져오지 않는 게 내 잘못은 아니에요!

그래서 당신은 자기 자신이 대머리 케모 환자보다 더 우월하다는 얘깁니까?

아니요! 여기 바바라처럼 가발을 쓰면 되잖아요!

가발, 이거 불편해.

* 실화에 근거한 것

The cancer channel 03

232

물론 이런 탐정 드라마도 만들 수 있다.

* 유방암 예방 캠페인

Teaching high school vs. cancer

고 등 학 교 에 서

가 르 치 기

v s

암 에 걸 리 기

여러 해 전 나는 고등학교 교사를 잠시 했는데 그건 내 적성에 맞지 않는 일이었다. 시험지에 점수를 매기는 것은 나에게 커다란 고통이었다.

얘는 문법은 정확한데 말이 안 되고, 얘는 말은 되는데 문법이 엉망이고.

둘 다 C를 줄까? 그건 너무 가혹하잖아. 둘 다 B를 줘? 내용이 문법보다 중요한 게 아닐까? 그러니 한 명에게는 C를······

두 시간 뒤······

C 플러스와 B! 오케이 166장이 남았군!

점수 매길 것

이미 매긴 것

문학에 대하여 강의하는 것도 나의 강점이 아니었다.

1) 위대한 책
2) 손에서 놓기 어렵다

나는 이 책을 사랑해! 손에서 놓기가 어려워.

그런데 내가 해줄 말은 그게 전부야. 야, 아직 45분이나 남았네. 우리 영화나 보자.

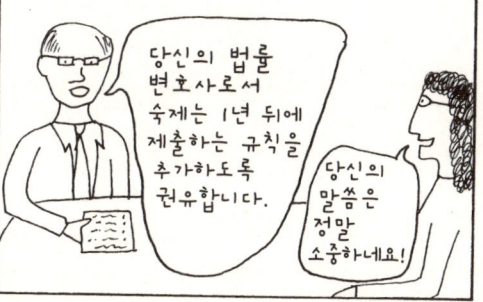

강의 준비는 학생들이 빠져나갈 수 없는 기발한 규칙을 생각해내는 것에 바쳐졌다.

당신의 법률 변호사로서 숙제는 1년 뒤에 제출하는 규칙을 추가하도록 권유합니다.

당신의 말씀은 정말 소중하네요!

교실에서 나의 훈계 방식은 별 효과를 발휘하지 못했다······

조시, 한 번만 더 너에게 조용히 하라고 경고하게 되면 넌 교실에서 쫓겨나야 해!

조시, 조용히 해! 이게 마지막 기회야--정말이야!

Teaching high school vs. cancer?

간단히 말해서 고고에서 가르칠 때 난 정말 비참했다.

내 인생은 실패작이야!

점수 매길 것

법률 변호사의 조언에다 이런 말을 추가하고 싶었다······

고고에서 가르치는 것이 직업으로 아주 훌륭하다는 것을 인정하지만, 나는 고직에 적합한 인물이 아니다.

그러다가 암 생각이 났다. 만약 고고에서 다시 학생을 가르침으로써 내 암을 없앨 수 있다면, 나는 그렇게 할까?

흐음.

점수 매길 것

야, 이건 정말 어려운 선택인데!

으, 으, 음. 아무래도 고고에서 가르치는 걸 선택해야겠지.

그런데 사실을 말하자면 나는 암에도 적합한 인물이 아니다.

당신의 구역질과 죽음에 대한 강박적 공포 등을 미루어볼 때 당신은 암 적응 능력이 부족합니다. 어쩌면 당신은 고고에 돌아가 가르치는 걸 생각해 봐야 할 것 같습니다.

END

Bitterness & envy

씁쓸함과

부러움

부끄러운 얘기지만 나는 때때로 쓸쓸함과 부러움을 느낀다.

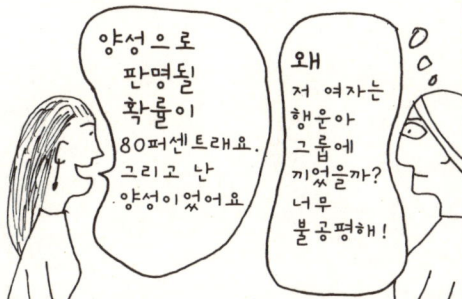

양성으로 판명될 확률이 80퍼센트래요. 그리고 난 양성이었어요.

왜 저 여자는 행운아 그룹에 끼었을까? 너무 불공평해!

아이와 놀고 있는 부부를 볼 때마다 내가 소외된 사람이라는 느낌이 강하게 들었다.

우리 애를 저런 전원적인 교외 환경에서 키우지 못하겠지?

물론 나는 교외를 좋아하지도 않았고 어린 애를 키우는 데에도 그리 뛰어나지 못했다.

이거보다 더 따분한 일이 있을까?

또 어떤 때는 투자 금융사 직원들이 회사 건물 앞에서 장난치고 있는 것을 보았다.

이제 다시는 투자 금융의 즐거움을 느끼지 못하겠구나!

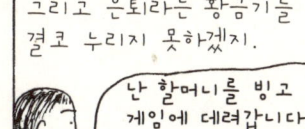

한숨

내 목숨을 걸고 에베레스트 산 정복에 나서는 일은 결코 하지 못하겠지.

우리는 하산 하면서 얼어버린 시체를 2구 더 발견했습니다.

그리고 은퇴라는 황금기를 결코 누리지 못하겠지.

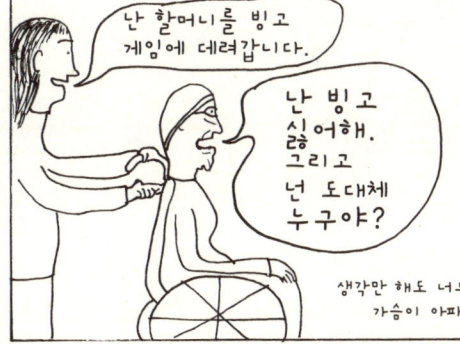

난 할머니를 빙고 게임에 데려갑니다.

난 빙고 싫어해. 그리고 넌 도대체 누구야?

생각만 해도 너무 가슴이 아파.

END

In perspective

하나의
관점

대학 다닐 때 어느 기말 고사 주간에 나는 아주 무거운 마음으로 마지막 시험장을 향해 걸어가고 있었다.

한숨

나는 기말고사 때문에 스트레스를 받았을 뿐만 아니라 멀리 떨어진 곳에 사는 남자 친구의 애매한 태도에 대해서도 걱정을 했다.

내 시험 준비가 충분하지 못하면 어쩌지?

로버트가 여길 찾아오지 않으면? 그렇다면 나와 헤어지겠다는 얘기인데. 내가 뭘 잘못했지?

두 시간 뒤 나는 시험장이 있는 건물에서 빠져나왔다.

학점······ 로버트······ 빨래를 할 것······ 학점······ 로버트······ 빨래를 할 것······

내가 기숙사로 돌아가는데 어두운 밤이 되었다. 나는 중간쯤에 멈춰 서서 밤하늘의 별들을 올려다보았다. 갑자기 내가 근심 걱정하는 사항들이 다 시시하게 보였다.

지금 그 때의 그 느낌을 다시 느낄 수만 있다면.

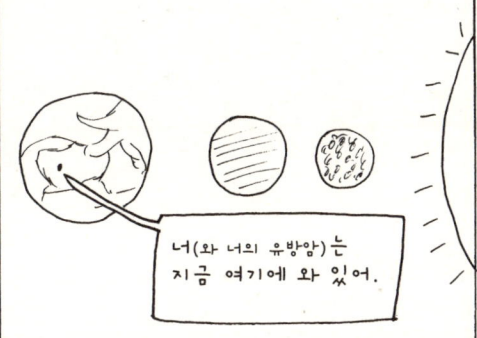

너(와 너의 유방암)는 지금 여기에 와 있어.

END

241

thank you

먼저 나의 멋진 남편 짐과 사랑스러운 아들 아론에게 감사를 해야겠다. 부자는 나의 와병을 잘 참아주었을 뿐만 아니라 출근 전에 만화를 그리기 위해 집을 일찍 나가야 하는 나의 상황을 이해해 주었다. 세상을 포기하고 나 자신 속으로 완전 침잠해 버리고 싶은 그 때에 아론은 자연계, 수정, 곤충, 동물 등 에 대한 나의 관심을 계속 유지시켜 주었다.

문학 대리인을 찾아낼 수 있도록 도움을 준 웬디 샤프, 패티 브레이트먼, 캐롤 비드닉, 이린 무어(그녀는 나중에 잡지 편집자가 되었다)에게 감사드린다. 내 책에 대한 믿음을 갖고 출판사를 찾아준 원래의 문학 대리인 프레데릭 힐 보니 네이덜 회사에 감사한다. 하퍼콜린스의 편집자 게일 윈스턴과 그녀의 조수 캐더린 힐에게 감사한다. 이 두 사람은 함께 일하는 것이 너무 즐거웠다. 두 사람의 날카로운 논평과 적극적 지원 덕분에 이 책이 더 좋아지게 되었으며 암 재발과 화학 요법의 고통 속에서도 이 책을 끝낼 수가 있었다. 책이 제작에 들어가는 동안 귀중한 도움을 주신 현재의 문학 대리인 보니 네이덜에게 감사한다.

나의 가장 친한 친구이며 뮤즈인 게일 슈미트가 없었더라면 이 책은 존재하지 않았을 것이다. 우리는 지난 여러 해 동안 함께 만나 창작 프로젝트에 관한 "예술 데이트"를 가져 왔다(그녀는 훌륭한 가수 겸 작사자이다). 그녀에게는 아무리 감사를 드려도 부족할 지경이다. 내 여동생 엘리즈에게도 빚을 많이 졌다. 빚의 내용은 일일이 열거할 수 없을 정도이다. 여동생이 여러 해 전에 샌프란시스코로 이사온 것은 얼마나 다행인지 모르겠다! 여동생의 파트너인 매트 노스에게도 감사드린다. 내가 어려웠던 때 나의 사기를 높여주기 위하여 플레이스테이션을 사다준 그 정성을 기억하고 싶다(하지만 나는 해본 게임 족족 패배하고 말았다). 게일의 남동생 폴 슈미트에 대해서 감사한다. 그는 만화에 대해서 많은 논평을 해주었고 책의 순서를 결정하는 데 큰 도움을 주었다.

-

지속적인 성원을 아끼지 않는 나의 부모님에게도 감사드린다. 내 만화 속에서 두 분을 약간 우스꽝스럽게 묘사한 것도 쾌활하게 받아주셨다!

도린 폴은 여러 해 전 일상생활 때문에 만화 그리기에 지장을 받지 말라고 조언해 주었다. 나의 만화 스승인 마크 지먼은 내 스타일의 만화를 발견하도록 도와주었다. 나의 재능을 믿고 나를 위대한 만화가 로렌 와인스타인에게 소개해준 바트 존슨에게 감사드린다. 로렌 와인스타인은 자신의 책을 제작 중인데도 시간을 내어 만화 그리기의 실무에 대하여 많은 조언을 해주었다.

-

이사를 할 때 나를 도와준 분, 병원에 의사를 만나러 갈 때 조력을 해준 분, 컴퓨터에 문제가 있을 때 도와준 분들에게 감사드린다. 게일과 폴, 톰 드로헌, 비벌리 패터슨, 데어더 케네디, 수 베넷, 로알드 알렉산더, 랄프 퍼저, 캐드린 하이드, 주디 골드스타인, 캐시 회거, 폴 자이츠, 캐시 패트릭(여러 해 동안 내 만화를 보고 조용히 웃으면서 여러 가지 아이디어를 제공했다), 린다와 밥 클레트, 트리시 스트릭랜드, 레지나 브루닉, 셰리 코론, 트리스 맥그라스(공짜로 마사지 해준 것을 감사드린다!), 데피 페터슨, 웬디 샤프, 로라 바이더, 데이비드 포터와 그의 아내 안티고네, 카렌 에이치슨(최초의 책 제안서 작성을 도와주었다), 캐시 브리스톨(치료용 귀걸이를 제공했다), 많은 꽃을 보내온 조지와 해리, 우리 집을 찾아와 TV 포커를 함께 보아준 암브로시아, DVD 평론으로 나를 지겹지 않게 해준 엘렌, 아주 우스운 만화를 그리는 마사 키브니 등.

지난 13년 동안 나의 직장이었던 콤패스 포인트 비영리 서비스에게 진심으로 감사드리며 작별 인사를 고한다. 나는 콤패스포인트를 직장이라기보다 공동체라고 생각한다. 그 때문에 이 직장을 떠나기가 그처럼 어려웠다. 나에게 만화 그리기를 격려

하고 나를 수석 만화가로 임명해준 콤패스포인트의 잰 마사오카 사장에게 감사드린다. 콤패스포인트는 내가 두 번의 암 발생을 견디는 동안 내 뒤에서 온갖 지원과 배려를 아끼지 않았다.

-

서포트 그룹의 멋진 여자들이 없었더라면 나는 어떻게 암을 견뎠을까? 그들은 내가 전화를 받지 않을 때에도 계속 나를 지원했다. 카이저의 유방건강 협력관인 로리 로스와 엘리자베스 바비에리, 서포트 그룹의 리더인 세인트 메리스 병원의 다이앤 스콧에게 감사드린다. 나를 보살피고 치료해준 닥터 제임스 콘스탄트, 닥터 래리 마골리스, 닥터 페니 스니드 등의 의사들과 종양과 간호사들에게 감사드린다. 특히 간호사 엘리 캐넌은 여러 해에 걸쳐 나의 구역질 불평을 받아오면서도 전혀 짜증을 내지 않았다. 마지막으로 이 책의 만화를 그린 장소인 두 카페에 대하여 감사를 표시하고 싶다. 필모어 거리의 그로브 카페는 내가 아는 한 가장 멋진 절충식 음악을 틀어놓는 카페이다. 3번가와 마켓 애비뉴에 있는 카페 브뉘는 암이 재발될 때까지 내가 매일 들렸던 카페이다. 카페 브뉘의 직원들은 나의 재발 소식을 듣고 카드와 꽃을 보내왔다. 거기서 마신 많은 차와 다정한 서비스에 감사드린다.

-

지난 여러 해 동안 나를 격려해준 친구, 나의 와병에 전화를 해주거나 편지를 보내준 친구들을 일일이 거명할 길이 없다. 여러분의 사랑과 관심이 나를 여기까지 끌고 왔음을 알아주시기 바란다.

-

그 모든 분들에게 감사드린다!

Acknowledgments

저자 미리엄 엥겔버그는 『행성 501c3 : 비영리 은하계의 이야기들』과 『울컥 화를 내는 만화』의 저자이다. 그녀의 만화는 『샌프란시스코 베이 가디언』, 『비영리 계간지』, 케이스의 『커런츠』 잡지 등에 실렸다. 그녀는 샌프란시스코에서 남편과 아들과 함께 살고 있다.

한 만화가가 자신의 유방암 투병 과정을 기발하고 유머러스한 만화로 묘사하고 있다.

"만약 암 투병에 대하여 이제 안 나온 얘기가 없다고 생각한다면, 엥겔버그의 만화는 그 생각이 틀렸음을 증명해줄 것이다. 그녀의 책은 너무 재밌고, 슬프고, 솔직하고, 또 인간적이어서 나는 이 책을 손에서 놓을 수가 없었다."

해리엇 러너, 의학박사, 『분노의 춤』의 저자

미리엄 엥겔버그는 유방암 진단을 받았을 때 마흔 셋이었다. 지금까지의 인생을 확 바꾸어 놓는 병에 걸린 사람들이 다 그렇듯이, 그녀는 그 상황에 적응하는 대응 방법을 찾아 나섰다. 동료 환자들이 서포트 그룹과 최면 치료의 효과를 찾아 나섰다면, 그녀는 평생의 열정인 만화 그리기에서 가장 큰 위안을 발견했다.

만화 회고록 『암이란다, 이런 젠장…』는 엥겔버그의 인생을 집약적으로 보여주고 있다. 아주 심각한 주제에 접근하고 있는 그녀의 만화는 아트 슈피겔만의 상 받은 만화인『쥐』의 전통을 따르고 있다. 하지만 낙관적이고, 구체적이며, 아주 유머러스한 그녀의 스타일이 돋보인다. 섹스, 가발, 암 발병의 원인, 그건 치즈를 너무 많이 먹어서인가, 아니면 비타민을 너무 많이 복용해서인가 등 엥겔버그는 암투병의 여러 측면을 철저하게 탐구하고 있다. 이 놀라운 "만화 회고록"에서 그녀는 걱정하는 친구와 친척들, 의사들, 암투병 치료 과정, 서포트 그룹 등을 투명하면서도 객관적인 시각으로 바라보고 있다. 그러면서도 조심스러운 낙관론과 그녀의 등록상표인 유머 감각을 잃지 않는다.

-

-

-

-

역자후기

이 책은 유방암에 걸린 저자가 암 덩어리 절제 수술을 받고 그 후 암이 전이되어 유방암 4기에 이르기까지 각종 치료를 받으면서 겪었던 일상적인 일과 느낌들을 자세히 묘사한 만화 회고록이다. 저자가 들어가는 글에서도 말한 바 있지만, 저자는 다른 암 환자들처럼 암에 대하여 고상함과 용기 있음으로 대응하기 보다는 가벼움의 길로 대응하고 싶다고 밝혔다. 그 가벼움은 이 책의 경우 일상의 사소한 일에 대한 관심, 자기 자신을 제3자처럼 보는 객관적 시각, 평소와는 다른 관점으로 주변의 사물과 사람을 돌아보는 데서 나오는 유머 등으로 구체화된다.

-

노자의 『도덕경』에는 중위경근(重爲輕根 : 무거움은 가벼움의 뿌리가 된다)이라는 말이 나오는데, 저자는 마치 이 잠언을 잘 알고 있기라도 하듯이, 암에 걸려 언제 죽을지 모르는 무거운 현실에 대하여 가벼움과 유머의 태도로 일관되게 대응해 나간다. 일견 보기에 그녀의 유머는 밝고 투명해 보이지만 자세히 들여다보면 삶의 부조리에 대한 깊은 통찰과 명상이 깔려 있다.

이 책의 우수함은 죽음이라는 무거운 문제를, 그러니까 우리가 평소 생각하기 싫어하는 문제를, 우리를 대신하여 가벼우면서도 유머러스하게 명상하고 있다는 것이다. 자기의 문제를 남의 문제인 것처럼 일정한 거리를 두고 서술한다는 것은 자기 자신에 대한 철저한 인식이 없으면 불가능한 것이다. 이런 적당한 거리 덕분에 우리는 그녀의 만화를 읽어나가는 동안, 그것이 부메랑처럼 우리의 문제로 되돌아오는 것을 느끼게 된다.

나는 이 책을 번역하는 동안 야담집 『대동기문 大東奇聞』에 나오는 이런 유머가 생각났다.

연산군 시대에 유배를 가 있던 임형수(林亨秀1504-1547)가 국가로부터 교수형에 처해졌다. 형리들이 형구(라고 해봐야 기다란 동아줄)를 가지고 심각한 얼굴로 그 선비의 유배지 숙소에 도착한다. 그러자 선비가 창호 문을 사이에 두고 말한다. "자 이제 줄을 들여라. 내 목에 그 줄을 감을 테니 너희들이 꼭 잡아 당겨라." 줄이 밖으로 나오자 형리들은 땀을 뻘뻘 흘리면서 그 줄을 잡아당겼다. 그러나 실은 방안의 선비가 베개에다 그 줄을 감고서 그 베개를 마주 잡아당기고 있었다. 그러나 중과부적. 결국 선비가 힘이 달려 그 베개가 마당 밖으로 당겨져 나갔다. 형리들은 아연 실색, 분노한다. 그러자 선비가 박장대소한 다음 정색하며 말한다. "내가 농담으로 한번 해본 것이니 너무 화내지 말라. 자 이제 정식으로 목을 걸 테니 줄을 들여보내라." 그렇게 해서 선비는 죽기 전에 한번 크게 웃은 다음 이 세상을 떠나갔다.

이 얘기를 처음 들으면 우습지 않은 것은 물론이고 어떻게 죽음의 상황에서 농담이나 유머가 나오겠나 하고 의심하게 된다. 하지만 이 에피소드를 깊이 생각해 보면 이해

할 만한 구석이 있다. 세상에 죽는 일보다 더 심각한 일이 있을까. 하지만 이 선비는 죽기 바로 직전인데도 웃을 수 있었다. 왜? 오늘의 죽음은 내일의 죽음을 면제해 준다는 생각, 내가 죽어야만 스토리가 끝나는 것이라면 그것을 플래시포워드(앞으로 벌어질 일을 미리 상상해 봄)하여 한번 실연해 보자는 생각, 야구 게임에서 1사 만루의 역전 찬스에서 병살타로 물거품이 되어 패전할 수 있듯이, 인생이라는 게임에서도 소원 성취 일보 직전에 암과 와병이라는 병살타를 때릴 수도 있다는 생각 등 기발한 발상으로 그 죽음을 맞이했기 때문이다.

-

기발한 생각이라고 하니 중국 당나라의 시인 왕범지(王梵志 : 590-660)도 생각난다. 이 시인은 공동묘지의 무덤을 만두에, 그리고 무덤 속에 든 시신을 만두 소에 비유했다. 그러면서 공동묘지에 가면 너무 슬퍼하지 말라고 일렀다. 당신도 결국에는 그런 만두 하나를 먹게 될 텐데, 다 똑 같은 신세면서 뭘 그리 슬퍼하느냐는 주장이었다. 그러니 내 무덤 앞에서는 울지 말고 "여보게, 그 만두 맛있나?" 하고 물어보면서 웃어달라고 왕범지는 부탁했다. 임형수나 왕범지는 "죽음이라는 거, 이거 뭐 따지고 보면 별 것도 아니잖아"하는 초월의 마음이 있었기에 그처럼 웃을 수 있었다.

-

이 만화를 그린 미리엄 엥겔버그도 그런 초월의 마음이 있었으리라 생각된다. 그런 마음이 만화 속 유머의 배경이다. 흔히들 죽음을 기억하라(memento mori)고 말하지만, 우리가 기억하는 것은 죽음이라는 추상 명사가 아니라 죽은 사람이 남긴 물건 혹은 영안실에서 만난 망자의 사진 등 구체적인 사물이다. 죽음을 앞에 둔 암 환자의 심정 또한 마찬가지여서 구체적 매개물이 없으면 그 심정을 이해하기가 어렵다. 수술실에 들어가서 인사를 해야지 하고 자기에게 다짐하는 장면, 이게 영화의 한 컷은 아닐까 공상하는 장면, 밤하늘의 별에 자신의 근심을 모두 실어보는 장면 등에서 우리는 그 심정을 마치 내 자신의 것인 양 "체험하게" 된다.

-

미리엄 엥겔버그의 만화는 그런 '체험하기'를 통하여 죽음의 얼굴을 흘긋 들여다보게 해준다. 우리가 나중에 언젠가 죽음을 마주 대했을 때 어떤 자세를 취해야겠는지 미리 마음의 보건 체조를 시켜준다. 우리는 이 책의 「들어가는 글」에서 역설된 가벼움의 길이 과거에 임형수나 왕범지가 걸어갔던 길과 별로 다르지 않음을 깨닫게 된다. 그리하여 이 작은 만화책을 다 읽고 나면 죽음의 독침을 향해 즐거운 유머를 던지는 가벼움의 길에 동의하게 된다.

cancer made me a shallower person

암 이 란 다 . 이 런 . 젠 장 · · ·